玄門真宗

關帝信仰與現代社會國際學術暨皈依科儀研討會

宗教皈依科儀彙編

林翠鳳 主編

玄門真宗 主辦

國立臺中科技大學應用中文系 承辦

主編序

凡人在世必然經歷種種歷練與考驗，可以藉由宗教透過群體的組織與活動，試圖達到聖凡雙修的圓滿境界。「皈依」「入門」成為跨越身分認同的一道界線，具有特殊的神聖性。這是凡夫進入聖域的第一步，人們選擇在宗教中安頓身心，是一份決心，一份誓約，彰顯了靈性親近與個體參與的結合。這也是宗教延續教脈的盛事，擴大教徒的加入，得以強化教理的弘揚與教務的傳承。

從信徒到教徒，必須經過一定的確認儀式，各宗派往往十分重視，各自具有莊嚴繁複的程序，以凸顯謹慎隆重的祝福。這一套儀式，於佛教稱「皈依」，於道教稱「傳度」，於天主教稱「入門」，……不同宗派，各賦予不同名詞。儀式雖各異，其內在精神則一。都是將此視為人生大事，教壇盛典，意義格外重大。

宗教基本上以提升性靈、圓滿人生為祈願。肉身難得生此大千世界，放眼所見，地有五方，人有五色，則人心之所歸又豈止是九流十家而已？以臺灣為例，依據 2011 年內政部最新統計的公告，正式登記在案的宗教共達二十七種之多。臺灣寶島面積雖小，而各宗教卻能多元並存發展，鮮明地反映出民主社會高度的包容性。這也正是臺灣最為珍貴的文化價值。

玉線玄門真宗主祀　關聖帝君玄靈高上帝，西元 2003 年於內政部正式申請立教通過。數年之間勤懇經營，已是臺灣知名的新興宗教。教團秉持關帝一貫的慈悲濟世，追求圓融國度，廣泛致力於文化教育、社會服務等。力倡宗派融合，本次研討會因就「皈依科儀」主題廣邀各宗各教俊彥共襄盛舉。蒙臺南市念字聖堂、集集鎮國寺、天帝教、輔仁大學神學院、道教太乙玄宗、臺中市陰陽宅職業公會等熱誠支持，分就天德教、佛教、天帝教、天主教、道教之皈依科儀實務，提出研究論文、圖說或展演等，使本次研討會在學理之外，同時獲致實務觀摩的可觀成果，具體促進各宗教之間的相互認識與瞭解，增進彼此的尊重與體諒。唯因礙於時間有限而致部分宗派向隅，無緣展演與談，十分歉意！而本次提出的五教皈依科儀，內容頗有可觀，具有很好的參考價值。今彙編成冊，敬祈方家不吝指正。

此次研討會在各界熱誠合作中圓滿順利，敬致以衷心謝忱！

國立臺中科技大學應用中文系　**林翠鳳**　謹誌

於 2012 年元旦

目次

佛教

天帝教

天主教

道教

關帝信仰與現代社會國際學術暨皈依科儀研討會

議程表				
日期		2011年10月7日（週五）		
報到		8:00－8:25		
開幕式		8:25－8:50　校長、貴賓致詞		
地點		國立臺中科技大學中商大樓　國際會議廳		
場次	時間	主持暨評論人	發表人	論文題目
第一場	8:50-10:20	蕭登福	麥谷邦夫 朱越利 蘇瑞隆	關聖帝君前史 《道法會元》中的關元帥 《護國佑民關帝伏魔寶卷》初探
茶敘	10:20-10:35	茶　敘		
第二場	10:35-12:00	朱越利	張家麟 游子安 胡小偉	論華人民間宗教神祇的神格轉化：以關公晉升玉皇大帝為焦點 香港關帝信仰與善書 明末西洋教會與宮廷關公信仰的衝突
第三場	12:00-12:20	天德教皈依科儀展演		
午休	12:20-13:30	用　餐		
第四場	13:30-15:30	鍾雲鶯	王琛發 林振源	南洋天地會的關帝信仰 福建詔安客家地區的關帝信仰
		游子安	王見川 丁孝明	《關帝明聖經》的流傳與著作年代初探 論關帝信仰的成因及其文化意涵
茶敘	15:30-15:50	茶　敘		
第五場	15:50-17:10	王琛發	釋廣心 蔡光思 鍾雲鶯	佛教皈依科儀 天帝教教徒皈宗儀式與認識教壇課程 一貫道的求道儀式及其意義
第六場	17:10-17:30	天帝教皈依科儀展演		

關帝信仰與現代社會國際學術暨皈依科儀研討會

議程表

日期	2011年10月8日（週六）			
報到	8:20－8:50			
地點	國立臺中科技大學中商大樓　國際會議廳			
場次	時間	主持暨評論人	發表人	論文題目
第一場	8:50-10:20	林安梧	葉明生	關帝信仰文化之忠烈餘韻——明花關索詞話與福建等地關索戲述略
			廖芮茵	臺灣關帝信仰與文創產業
			蕭登福	宋元至清，關帝神格及相關道書、鸞書探論
茶敘	10:20-10:35	茶　敘		
第二場	10:35-12:00	林文欽	陳益源	越南關帝信仰
			李焯然	儒家忠義觀念與関帝信仰
			林安梧/廖崇斐	三國演義的關羽與關聖帝君的「義」
第三場	12:00-12:20	天主教皈依科儀展演		
午休	12:20-13:30	用　餐		
第四場	13:30-15:30	葉明生	林文欽	高雄地區關帝廟籤詩之研究——以《關帝百首籤詩》為中心
			鄭志明	關帝信仰與善書的社會教化
		陳益源	林翠鳳	關帝信仰在臺灣之探析
			李建德	近現代「玄靈」關帝經典及其儒學義理略論
茶敘	15:30-15:50	茶　敘		
第五場	15:50-17:10	鄭志明	錢玲珠	進入永恆的生命之門——天主教入門聖事
			洪錦淳	佛教皈依儀式探微
			李建德/柯奕銓	當代道教宗派傳度科儀意涵初探——以太乙玄宗為論述焦點
第六場	17:10-17:30	佛教皈依科儀展演／閉幕式		

每篇論文發表人15分鐘，討論人10分鐘，其餘時間為綜合討論。

玄門真宗教

關聖帝君的教門《玄門真宗》教義

關聖帝君教門《玄門真宗》的修行功課

關聖帝君（玄靈高上帝）的門徒門下生、修士

關聖帝君的教門《玄門真宗》的修士、門下生組織層級與

關聖帝君的教門《玄門真宗》的戒律

玉線　玄門真宗　創教第一代宗教法師授證登階典禮

玄門真宗

關聖帝君（玄靈高上帝）已經是一個教門的教主而不再只是其他宗教的陪祀神

關聖帝君是深植全國人心的文化英雄之神，遍覽今聖賢神祇幾乎無人能像祂這樣，不但能貫穿儒、釋、道三教都享有尊稱和地位而且受到官方的崇祀及民間的敬仰。

關聖帝君的稱號特別多，在佛教中稱為護法爺、伽藍神或蓋天古佛，在道教中稱為協天大帝、翊漢天尊武安尊王崇富真君、三界伏魔大帝和關聖主信儒的稱山西夫子、文衡聖帝、關聖帝君關帝爺、關二爺、關壯繆，武聖人，武聖和武聖帝君，道院紅卍字會稱聖帝關帝教門的鸞堂（儒宗神教）為恩主，一貫道信徒，則稱法律主，由於民間信仰都是相容並蓄，互不違悖，因此，交集出關聖帝君的信仰，這可說是完美人格的塑型，在其一生事蹟涵蓋了仁、義、禮、智、信等五常道德，符合了固有道統範疇思想。

因此，以關聖帝君所秉具的德行更符合道統法源，而能得到更大的闡揚，根據「玉皇尊經」的記載；關聖帝君在公元一八六四年被推舉蟬登「玉皇大天尊玄靈高上帝」，至今一百三十餘年，又歷幾經十年的關聖帝君親敕選賢良人才篩選，並經學術公聽，內政部核准正式以關聖帝君為教主的教門「玄門真宗」，真正符膺於清同治三年接任第十八代玉皇大天尊「玄靈高上帝」的地位，使關帝君的神格及地位完整的至尊地位。

關聖帝君（玄靈高上帝）教門頒敕的一切圓融自在，冥陽同用的「圓融國度」

一個宗教的完整必須有陰陽同敕的國度，今生的信仰皈依更是需要將來往生的歸宿，關聖帝君〈玄靈高上帝〉在敕頒建立教門時，同頒敕以「圓融國度」為關聖帝君《玄靈高上帝》門徒的皈依國度。

古有善修之傳風，承上下育以振芸黎拯行之表，道源本根生息自然之訣也藏妙而之。嘆！時勢流遞之轉，代代善修全己之識已大落，人心丕變，社稷不彰，惡性舉作合理化已久而下，錯事反成平常，理之中正不再，尤以宗以教引育傳歸之宗教大道也同蒙塵，將錯就錯，不明正理，取巧而用，借神謗佛，入邪入偏，早忘返本皈元之正覺路徑，尤重功利而營作之因果下，宗教之本義正見也盡失矣。

今幸蒙關聖以禪登九五至尊之格，轄十方三界天人域地，行以正氣忠孝節義成神之本，掌令道盤設教立脈於適時，以符今稷之民心作用挽轉化育，取中正而楷範，功化冥陽，以關聖帝君（玄靈高上帝）的教門玄門真宗之頌如斯。

關聖帝君（玄靈高上帝）的教門宣頒十方無極圓融天界，陰陽同證域地可皈，無極圓融天界不拘於東、也不拘於西、不上不下、南北也非，更不執單在中或左或右，一切圓融自在，冥陽同用，無有分別之淨域，大達無量無邊，小只一毫粒下千萬倍小，任一時俱在，不前也不後，無未來也無前時，皆證於當下樂土，時有時在也。

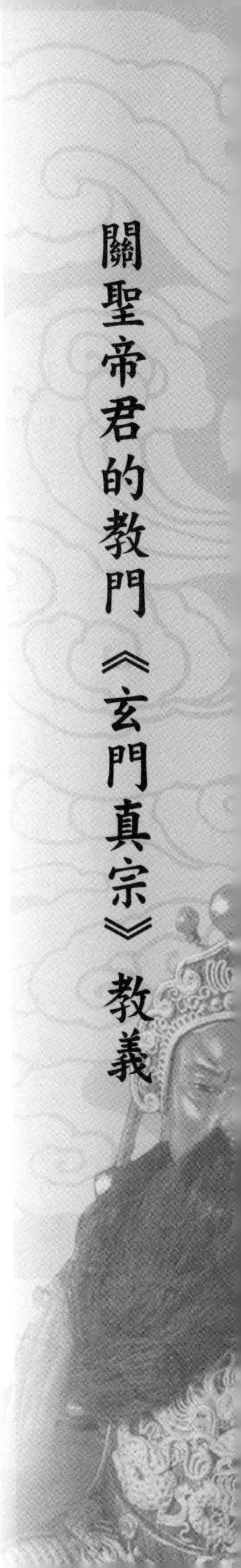

關聖帝君的教門《玄門真宗》教義

關聖帝君的教門《玄門真宗》，是累數千年道統文化「金玉滿堂」法證的傳承，是符應固有文化傳承及現代生活觀的宗教法脈。

因此關聖帝君的教門《玄門真宗》是真正受天令旨敕頒宣的神聖俱足於「天、地、人」三才的修止與皈依真正帶引眾生覆命皈旨，成就今生完成前生累世職司的教門。

關聖帝君的教門《玄門真宗》聖凡雙修的殊勝在於擁有「天、地、人」三才皆非常俱足的修行引渡與依皈，只要進入關聖帝君的教門《玄門真宗》教脈，不但要讓現在生活一切自在無礙，更要讓未來的一切能得安住依歸，更以三世因果一世清、止斷輪迴、超生了死進入關聖帝君的教門《玄門真宗》圓融天堂國度為究竟的殊勝法門，以下略從天、地、人三方面引述說明；

天者：天令天旨頒敕非常殊勝俱足，關聖帝君的教門《玄門真宗》法脈的設立完全依照玄靈高上帝〈關聖帝君〉等諸仙神聖佛的指引頒敕設立，舉凡從法脈的名字、神聖的三大使命、殊勝的三大功課、門下生超生了死修持的四因、四執、四有經論、經卷、法事功課、行政組織……等等都是依照玄靈高上帝關聖帝君仙神聖佛的指示辦理，而且每事必有印證、必有屬實、必有神聖靈驗，可以說是天令旨意最為完整又有所依恃的法脈。

地者：關聖帝君的教門《玄門真宗》法脈對於人類眾生的生死來去可以說直指得非常透徹，修持關聖帝君的教門《玄門真宗》法脈不以神奇鬼怪事來當教義，對於生死的因緣來去卻是有非常好的論述與印證方法，尤其對於往生的引渡與皈依更有著非常完整旨令與法要，從勸知行飲水思源、慎終追遠精神的報父母恩及完整超渡、超拔、超薦的往生法事，到殊勝完整的保調法延……在在都是在讓人類十方眾生的靈元有所依歸有所教化，咸令從此出離苦難、止斷輪迴、往生極樂進入關聖帝君的教門《玄門真宗》圓融天堂國度。

人者：以人為本的宗教教化強調修行玄靈高上帝〈關聖帝君〉的三綱五常德「仁、義、禮、智、信」為主軸，從聖凡雙修中要求門下生外者知行生活提升的功課，從家庭、事業、功名、人際關係等等的改善，促使生活品質往上提升，更以讓生活有能力、生活有品質、生命有價值意義、生命有德性……為精進的教化力行功課；內者以「身、心、靈」全方位的修道修行功課，靜坐靈修、練氣運功、持經練咒、引神出玄妙達到神人合一、通天徹地做立地神仙之境界。

一、關聖帝君（玄靈高上帝）敕頒教門的宗旨與法證

承續固有法源「金玉滿堂」法證，追求「生命圓融」的無上精神內涵。

關聖帝君的教門《玄門真宗》是一以承續固有文化法源「金玉滿堂」法證，追求「生命圓融」的無上精神內涵，以完整的天、地、人三才一貫依旨及陰陽對等的圓融法趣，對於法界來去之間的甚深奧妙及生命之間的因果關係、生息本源、圓融的依止，甚深微妙法界、生命生息等等的修行法要有著非常殊勝的旨趣要訣。

並以建立聖凡雙修的關聖帝君教門《玄門真宗》圓融國度，發揚、延遞屬於固有文化根源精神的宗教法脈，更以宗教的慈悲誓願心，力修宗教師成就「天人師」的行諸渡化方便法門，勸以聖凡皆修圓滿的真如圓融大道，並促以知從「聖凡雙修」中尋求自我生命意義的昇華，及以同體大悲的精神，回饋社會，服務人群的職志。

二、關聖帝君（玄靈高上帝）教門強調「人道立，則天道契」

關聖帝君教門《玄門真宗》聖凡雙修的殊勝與神聖不是人為編造構思，而是受玄靈高上

帝（關聖帝君）暨諸天神佛的慈悲安排與旨敕的宗教法脈，其中的殊勝與神聖是你我能成就今生的最榮耀保證：

摘錄無極鴻鈞老祖對於關聖帝君教門《玄門真宗》聖凡雙修的訓勉

曰：

鴻濛未判道元成
鈞掛冥靈釋始元
老葉華開薪聖傳
祖意皈源無極能

聖示：

吾今降遊三十六界域，目指斗霄有紫光沖霓端，特入註南天一視，斗楣上敕「玄門真宗」四字，訝意界域新事聖凡雙修，諸塵何時立啟新聖階，尤批偈謂：「聖凡雙修」更是今吾讚嘆，何幸界域能有如此合契，直指無極皈源之聖宗法門！幸哉！

吾說凡聖、神、佛過去時空之修成，莫不以證超脫離輪迴指歸永生之域，或曰名天國、西方、無極理天、極淨樂土等，皆以為止輪迴永淨之本元根地，此無為止淨之根地，乃是降命生機冥靈萬物之總元也。吾久執無極鴻判之位，掌司法元之啟滅亦沾轄所有直轄之司命，鴻鈞職皈一氣，萬法細巧，萬千法樣，一一歸轄統旨為氣真之始元。今吾下遊三十六界域，收執萬千法樣之是否正直，是否合於利蒼穹萬物，合於正者道威職爵，奏報賜敕加升提錄，未合正道起邪失「信」之萬法，則收斬，按律一切准受命轄啟之鴻鈞是辦也。

今遊關聖帝君的教門《玄門真宗》，新教脈啟誓渡皈三曹選賢拔聖渡九玄之聖務，並以聖凡雙修，此乃正合真命歸返淨樂斯域之真法執也。何以哉！歸元返淨樂之域，不可偏執於單一修為，界域上升返皈之事，或謂以「聖」務，其本意與凡塵人所行一切法或謂「凡務」莫是「如一」。聖凡一切事，吾視如一同乃千真萬確也，不論是凡間人等事務或是上界神真教化等一切聖事，只要合於「正」合於利「萬物蒼穹」則聖凡本俱何來分別。因此，吾今見門楣上批之聖凡雙修，讚哉！完滿圓融也。

三、強調當下即是圓融國度，當下就是人間天堂

讓現在就生活在圓融國度、天堂國度，而不必等死後的來世；「任令一切時中皆充滿法喜……」這關聖帝君教門《玄門真宗》重視以人為本的修行要求，也就是凡入修的門下修士等必須珍惜現在生活的一切，讓所有的聖凡雙修法益當下便得到生活的改善，身、心、靈能得到安住與提升，所有的修行都是在讓自己現在就受益，現在就能得到法喜自在與能得到最大的快樂為主的，而現在的安住法喜快樂與當下不斷的使身、心、靈提升精進，讓現在的一生就是生活在圓融天堂國度，而只要一路修來持之以恆，自是能讓每一位修持者得到最大的修行成就，未來往生進入關聖帝君教門《玄門真宗》圓融天堂國度更是必得無礙。

關聖帝君教門《玄門真宗》的修行功課

關聖帝君教門《玄門真宗》的聖凡雙修不但有理論、有方法、更有務實的經驗體證

關聖帝君的教門《玄門真宗》以聖凡雙修為主軸，對於外在的事業、家庭、功名……等建構與教化有著非常完整與殊勝的修行依止，務必引領每位修持者都能事業、家庭、功名等處之無礙，而對於內在的修身、養性、業力的息止了斷、報父母恩、進入法界的靈元修持、通天徹地的神人合一的修持法要……等都非常俱足，因此關聖帝君教門《玄門真宗》的修行是有理論、有方法，更有真修實練體證的殊勝法門。

一、影響人的一生三大因素

一個人的一生到底怎麼了？為什麼同樣是一個人，別人總是比自己好，別人永遠有比自己更好的機運，別人永遠有比自己更多的貴人、財富！而自己盡管是多麼的努力，卻一直不能成就，不能達到自己所想要的一切，為什麼呢？

這是一般人在事不如己意，碰到種種挫折時常有的慨嘆和不平之鳴，事實上，有許多是真的非常的努力，智慧、時緣樣樣都不輸給任何人，外在的影響因素也不大，但是事實的結果卻往往非常的不好，得不到成功，而反過來說許多人卻在輕鬆不必盡全力下就能獲得比自己更好的結果，這又是如何解釋呢？難道真的除了用運氣不好一句話就代表了所有解釋嗎？

其實不然，在仙佛的指疑聖示中有一個深刻的體會和結論，這是解開「人生」到底怎麼一回事的大疑問，也是能令您改善「人生」的唯一方法，那就是⑴自己生身的血源，⑵累世因業或稱前世因緣，⑶今生的一切行為果報，這三個大要件是人的「一生」除了受外在原因的影響因素外，來自人的本身所造成一生行作成果好與壞的另一影響因素，提供參考共勉。

⑴、影響人生成敗的第一個原因：血源影響

血源影響就是我們的祖先問題，「人」的生成從哇哇落地一生中，身上流著父母親的血源因素，現代科學已經能夠用「DNA」的比對來印證與親生父母間的關係，也從這裡來引伸

證明「人」的一生受到父母血源的影響是不容置疑的，而父母的血源影響往上延伸就是我們的祖父祖母、曾祖父母……這就是我們的祖先問題，祖先的各種問題一定會影響著您的成敗，也可以很肯定的告訴您，為祖先化解問題、行大孝、懂得慎終追遠飲水思源的人一定會成功。

(2)、影響人生成敗的第二原因：累世因業或稱前世因緣

人的一生除了血源影響外，尚有一個隱藏於人身內部的重要因素，那就是「人」的累世因業，或稱前世因業。而我們真的有前世嗎？這是很多現代人以無法用科學來證明而不相信的問題，其實，近來已經有更多的學者專家不敢再單以科學證明來論斷所有的事了，畢竟宇宙寰穹何其大哉！尚未證明的事情，怎可單一偏執的就全面否定呢？我們可以用一個簡單的例子就可說明每一個人都有累世因緣；如果您已經結婚了，生育兩個兒子，甚至如果是雙胞胎兒子，在同一家庭環境，同一教育條件，同一……各種條件因素都同樣，但是，您兩個兒子或女兒會一樣的表現、同樣的習性脾氣、同樣心態嗎？答案是否定的，因為不但習性脾氣不一樣，一生的成敗也絕對不會一樣，這就可證明每個人與生俱來一定有著不一樣的因素，我們將這與生俱來的因素稱之為「累世因業或稱前世因緣」，這就是造成我們一生成功或失敗的另一因素，而這影響一生的因素是有方法可以改善的，可以經過改善而使自己成就的。

(3)、影響人生成敗的第三原因：今生的一切行為

人生從哇哇落地至老死，一生的一切行為作用正是自我成功或失敗的另一重大因素，有句話說「要想怎麼收穫，就要怎麼栽」這是千真萬確的，雖然前述兩項問題因素是影響一生的重要原因，但第三項「今生的一切行為」卻也是您成功或失敗的絕對因素，我們常勸知要想怎麼收穫，就要怎麼栽，這是沒有僥倖的，仙神聖佛也常聖示「一分努力，一分功」就是這個道理，又「人生」除了努力工作事業營祈這件事外，做人處事，接事待物，廣結善緣，眾善奉行，行功立德也是能令「一生」成就的不二法門，這是毋庸置疑的。

二、建立現世的圓融國度，聖凡雙修的修行修習綱要

常言於「道根本趣於自然，或謂萬法由心生、心誠則靈的種種修行法要」就是提醒修士門下生在知道進入修行時，對於如何真正修之行之的基本道理法則必須有徹底的認知，才能在有心修行時依著正確的法要修行得到真正的修行成果。

關聖帝君的教門《玄門真宗》有著非常完整的天、地、人三才一貫依旨及陰陽對等的圓融法趣，對於法界來去之間的甚深奧妙非常俱足，對於生命之間的因果關係生息本源也都有

著完整又圓融的依止，甚至更進一步對於深入法界、生命生息等的修行法要也有非常殊勝的旨趣要訣。

因此今天你我能得入此法門修之行之，可以說是千古難逢的機緣，你我有幸入門而修，以下是經過整理依照順序的功課提綱大要，你我必須謹記與研修：

一、對於法界自然「道根旨趣」的本義
二、對於「生命觀」的因緣依止、立論
三、對於天、地、人「三才」道統一貫的依憑
四、對於「陰陽」的對等圓融法趣研修
五、對於宗教範疇「神佛」慈悲法義的基本知識
六、對於「人本基礎」仁、義、禮、智、信的修旨
七、對於「聖凡雙修」的當下淨土積極修行理念
八、對於進入道場「修之、行之」的基本認知與態度
九、「虔敬」修習「立願」成就度眾的現世菩薩、天人師
十、對於「精進」的生息經營、身、心、靈覺的元神光彩修練、成就賢能的人生原則
十一、對於「了業」慈憫渡眾、廣結善緣、解冤釋結、保調、迴向的執偏業原化解

十二、對於「報恩」渡九玄七祖的飲水思源、慎終追遠的名分本位歸源

綜觀以上修習功課的完整與深妙，必須非常珍惜得之不易的修行因緣，戮力以修成就無量無邊的功德法益，更進一步需切記要把持戒慎其心的修行契機與任何一個仙佛恩師的慈悲法延。立下一個宏願，從今而起力修不懈下定決心發願讓自己是一個有用的人生起，讓自己在事業、家庭、人際上都能真正的成就，也讓自己的願力、決心救渡改變身邊的家人、親戚、朋友，更立願成就為能救人救世的現世菩薩、代天宣化的天人師。

三、完整的修行課程，重內外雙修、動靜合一

關聖帝君教門《玄門真宗》的殊勝不是用文字語言能達到而是有一套非常完整的功課帶引修行，這功課有內有外相互交織而行，靜功於內在的自我靈修養胎成就內丹，所有課程皆由仙佛慈悲指示，依當下因緣做課程安排與修作，外作則在於以「修之必行之」的力行精神為主導，藉由活動推展及護持度引時對造修磨的功課來修磨粹練內丹，這內外同功的修練丹元、動靜合一、陰陽圓融是一非常殊勝的修行法門：

1. 春耕——精實課程：這是本教脈聖凡雙修課程的第一季課程，以符應固有文化的春耕實作功課，要求門下生依一定的課程規劃，精實努力用功修持。

2. 夏耘——參學課程：這是本教脈聖凡雙修課程的第二季課程，符應固有文化的夏耘內外翻覆，缺者補之不足，有者思慮參酌，更以藉山川大自然一物一木一草之道源提升靈性，更藉外在的人、事、物對造及展現充實自我修持內涵及智慧的轉化成長。

3. 秋收——戒期課程：這是本教脈聖凡雙修課程的第三季課程，經過前兩季的修行及參訪見識他人長短之處後，再來就是以入戒為期，有一連串的密集上課將所學所見及心中的疑慮或執見提出探討並由一定的密集重點功課相輔成就於今年的身、心、靈。

4. 冬藏——閉關課程：這是本教脈聖凡雙修課程的第四季課程也是歲末的課程，這個課程有檢討自己策勵將來的意涵，並將這一年來的所學所行自我思考檢省一番，這個時候的閉關沒有人加以思想引導或左右，完全讓自己做自己主人自我思考與調適，更加強做自己主人的修行內涵，而不是受他人牽引或主宰思考的功課。透過閉關可以自己決定未來一年的一切行作，更可以思考人生去留的一切問題，能透過這番閉關的思考與抉擇出來再次面對自己的人生時將是充滿自信與重生的人生。

四、身、心、靈合一的修行是關聖帝君教門《玄門真宗》修行特點

關聖帝君的教門《玄門真宗》法訣是本法脈列聖仙佛所指示修練「身、心、靈」合一的修行功法，是一種修行神遊法界達到「神人合一」，進而從修行中達到神通、報恩、了業、消災解厄、改變一生命運的神奇無上法門。

本法脈的各種修行法訣是周全圓融又陰陽雙兼的法義，其中所列靈氣拳、大悲共修、靈修等各種法門雖有直接闡述分屬身、心、靈的修行是為便給於說明及其大綱，其實這些修行功課每一法門都俱足身、心、靈的內涵，圓融中互有主從罷了。

關聖帝君的教門《玄門真宗》教脈所介紹身、心、靈合一的修行法訣包含：

一、身的部分：靈氣拳修練，其主要特點分為在把握住「鬆、靜、自然」三大基本條件的情況下，肢體能夠自發的運動，而且是正常的靜中兼動現象。練習方法，有主要功，還有分類練功，據情運用，既可保健又能袪病。

二、心的部分：宗教性的修習，透過一定的修習程序，從靜修、持咒、冥想、報恩、懺悔、迴向等方法，讓存在於內心中的壓力、情緒甚至前世的因業都會傾洩而出，在經過傾洩中過程求得一個寧靜與平衡，修練方法，從感恩而啟始，對母源的感恩開始是最容易進入心的境地，也因從感恩開始對於消弭壓力、怨恨是最有效最直接的。

三、靈性的部分：靈修，修練的方法除首先要掌握「鬆、靜、自然」的基礎三原則外，其間以本法脈的靈修法門【自性靈相應法】修練為主軸，修行者在靜修過程中觀想自身變成本體佛，達到「你就是本尊，本尊就是你」的合一境界，這種相應的原理主要在於修練者藉由這個方法與自己的靈性導師相應，從而開啟自己潛藏在內性中的靈原，進而可以修練到達神遊通徹鬼神甚至了業、去厄的殊勝功效。其方法有祈請、觀想、相應、迴向等等。

五、關聖帝君教門《玄門真宗》的聖凡雙修是「神人合一」修行

關聖帝君的教門《玄門真宗》教脈的功課與修練法要都是由仙神聖佛來指引教導，這種教導與指引完全契合於修行者的每一個人因緣。

關聖帝君的教門《玄門真宗》的修練有完整的漸進功課設計，這種功課教授都是在為每位初修行者打好得道修行的基礎，因為在修行基礎練就後符應於每個人的因緣就會因時因地透過老師或無形恩師來旨敕或傳授，須知達到這種無人為的傳授教導才是真傳道旨的修行法要，也才是關聖帝君的教門《玄門真宗》法脈真正傳道傳法的真機。

尤其關聖帝君的教門《玄門真宗》教脈以道統傳遞與發揚為主的，諸般修行法要都是沿著固有文化的道根秘訣教授，甚多失傳千百年的修練法要都會因實因地的傳與有深入因緣的修行者真是殊勝非常，其中以身、心、靈全方位的修行理論經卷並用，理想觀點與實務的述說及有形無形的對造指引都指引教化的清清楚楚，循序漸進完整又圓滿。

其中對於身心的教化以人生本有的「四因」功、名、利、祿，「四執」恩、怨、情、仇的理論進入教化修行為例，不但深入人性本來擁有的因緣果報及難以擺脫的執著苦痛教化剖

析更是直接又了當的直指修要，讓修行者能恍然大悟更能讓修行者依法而深入去執了業化解一生的苦難。又對於靈性的昇華與入法界之甚妙修行更是以「四有」的殊勝法要教導修行，不但能令初修者、身修者各因因緣得到殊勝的修持成就更能因修持中體悟大道的生息妙機。而這一些傳授與法要都是來自諸天神佛的直指，經過多年的文字整理及印證真是教與修練達「神人合一」的殊勝妙法。（另有專門論著，歡迎查閱）

六、關聖帝君教門《玄門真宗》精進的功課

（一）關聖帝君的教門《玄門真宗》聖凡雙修　注重事業的經營與不斷的精進成長

關聖帝君的教門《玄門真宗》的修行以要求精進成就為主導，對於自己工作事業的規劃經營從事就是一件非常重要的修持功課，因此關聖帝君的教門《玄門真宗》的修持除以宗教的理念與神佛慈悲法要勸之入修能幫助事業的順利以外，更重要的是不論是從工作專業領域或從精神層面的修行學習，都應該有一份積極進取向上求知的精神並不斷的付出努力，精益求精。務必要求多方精進學習，甚至辦理專業講習以協助讓門下生的人生觀與工作事業經營

技術能力等能不斷的提升，並以要求注重事業經營品德及工作操守為考評。

（二）注重人與人之間的和諧與廣結善緣的重要

關聖帝君的教門《玄門真宗》強調真修實練的修行，嚴禁假道徒以假的修行自欺欺人，因此學修之人應一本謙虛為懷，凡事謙懷禮讓求合理不強爭奪，要求注重人與人之間的和諧相處，多方關懷左鄰右舍、親朋好友，熱心助人廣結善緣，以引渡眾緣生為主第修行功課好與引渡，尤其與人對待時不得有修與未修或引渡與非引渡的分別心，這是一般修行人容易落入的大缺點，也就修行的人對於入修同道認同同一宗教者容易歡喜接引，對於非信者或非同道者則有排拒現象，又對於引渡結緣眾以功德心見，對於引渡以有功德與否或以自己之喜好來接引，這種接引眾生的修行都是對引渡廣結善緣有傷害的事，關聖帝君的教門《玄門真宗》的聖凡雙修要求不能犯錯更要求加強落實於真慈悲平等無為的行作，而對於平日的廣結善緣亦無論是對自己有利或無利益都應努力且有規劃的去執行與付出。

（三）注重以專業教育課程要求事業成就、專業領域的進步

關聖帝君的教門《玄門真宗》以聖凡為同修功德，則將事業經營成就福利於社會更是一

件被認可的修行成就，因此除了認同於目前用心經營事業做好本分工作的企業家，於行諸企業提供工作機會福利於眾生的功德與修持外，並鼓勵門下生應於現有工作與經營企業事上多盡心努力，同時將企業專業教授的課程與事業經營理念的課程納入聖凡雙修的修行課程，務實於達到生活、事業、工作的修之行之。

（四）提供行功立德機會讓你的一生有價值有意義

關聖帝君的教門《玄門真宗》聖凡雙修強調「修之行之」的實踐精神，也藉由外在的護持或公益活動推展，一來讓宗教慈悲的胸懷能得到落實與實踐，二來藉由公益活動的推展，使社會風氣能獲得改善助益，所謂「揚善隱惡」讓善的一面好的一面能獲得褒揚與鼓勵，達到淨化人心的實效，三來更藉門下生參與社會公益活動於護持渡引眾生的參與機會，讓修之學之的內涵充分落實，可藉各種渡引的機會改善自己的人生觀、做事態度、方法等等的實務改善，四來更藉活動做為門下生的行善發心與慈悲訓練研習。

七、關聖帝君教門《玄門真宗》了業的功課

（一）強調當下即是圓融國度，當下就是人間天堂

讓現在就生活在圓融世界、天堂國度，而不必等死後的來世；「任令一切時中皆充滿法喜……」這關聖帝君的教門《玄門真宗》重視以人為本的修行要求，也就是凡入修的門下生必須珍惜現在生活的一切，讓所有的聖凡雙修法益當下便得到生活的改善，身、心、靈能得到安住與提升，所有的修行都是在讓自己現在就受益，現在就能得到法喜自在與能得到最大的快樂為主的，而現在的安住法喜快樂與當下不斷的使身、心、靈提升精進，讓現在的一生就是生活在圓融天堂國度，而只要一路修來持之以恆，自是能讓每一位修持者得到最大的修行成就，未來往生進入關聖帝君的教門《玄門真宗》圓融天堂國度更是必得無礙。

（二）任令一切時中充滿法喜的修行要求

任令一切時中充滿法喜的修行要求是進入關聖帝君的教門《玄門真宗》聖凡雙修的第一個座右銘，這裡所強調的是凡入修的門下生都應以法喜快樂的心來面對人生面對修行，也就

是嚴禁因修行而帶來過多的束縛或過多的禁忌造成於生活的不便，也在這句話要求下有幾件事是門下生務必知道的：

1.進入修行是要求面對生活，而不是假借修行來逃避人生生活的種種問題。

2.進入修行必須去掉自我抬高、過於保護自尊與愛面子的假道心態，必須以勇於改善、懺悔、修正為主的。

3.進入修行不一定要求素食或提任何禁忌，一切應依個人有的因緣（進入道場的飲食則規定方便素食）。

4.進入修行不可以毀謗或對任一宗教起分別心。

5.進入修行學習放下一切恩怨執著，讓自己心性快樂無礙。

6.強調聖凡雙修的同功德性，不因過分宗教性修行而影響家庭生活。

（三）能讓你立地成就覺性，靈性顯耀做自己的主人

關聖帝君的教門《玄門真宗》教脈的所有修行功課俱足於內外雙修的殊勝，以藉由外在的所有修練功課促成使內在的靈性根源得到啟發，也就是說關聖帝君的教門《玄門真宗》的任何一項宗教功課、法事規劃與執行都是在為門下生的身、心、靈修止做功課，從陰陽、從天、

地、人三才多方面多角度的規劃，再以進入精進、了業、報恩三大功課的主軸，勸知力修成就身、心、靈的提升與聖化，並從靈修聖化過程中讓自己靈元靈性顯露達到所謂的明心見性的做自己的主人。

（四）能為門徒最大承擔救贖的『開恩赦罪』

只因希望我們進入修行成就一生

「開恩赦罪」這是關聖帝君的教門《玄門真宗》法脈列聖恩師老師給我們最大的承擔，這種承擔只因希望能得到法義的門下生能趕快精進實修成就自己、成就家庭、成就事業、成就一生。須知我們每一個人自哇哇落地以來即帶著因生活、因習性、因認知、因工作……等等造成的業力與事因，而更甚者可能連前世累世的業力事因都帶在身上，所以不但會造成工作、事業、家庭、人生際遇、人際關係、功名成就種種的不順與阻力，而這些阻力不是正面嚴重影響就是從旁的耽誤一切，一般人對於這種業力的因由事因影響與耽誤真的是不知如何化解或從何著手，是消極放任不管不理會呢？還是用盡心機來化解呢？

講到如何化解今生累世的業力因緣事因，這就是關聖帝君的教門《玄門真宗》聖凡雙修勸修了業與勵志成就自己的殊勝法門，因為唯有進入聖凡雙修的法門，今生累世的業力因緣事因都可以得到舒緩與化解，這是因為關聖帝君的教門《玄門真宗》教脈引渡進入聖凡雙修時即以有完整的修行課程設計與鋪排，只要你用心虔敬入修保證一定能化解前世今生的一切業力因緣事因，而這其中第一件大事就是為進入關聖帝君的教門《玄門真宗》教脈聖凡雙修的門下生承擔「開恩赦罪」法事。

（五）俱足真正能三世因果一世清的「保調法門」

保調原為「關聖帝君的教門《玄門真宗》冥靈保調法門」的簡稱，是關聖帝君的教門《玄門真宗》使命「拔聖」的法門之一。這如同我們所謂的一所冥靈學校，門下修士等為自己的冤親恩師、九玄七祖及各姓氏祖先申請註籍入門潛修，依一定之潛修晉階程序入敕功勳，上證各累世因業之了入登神爵之果位，下赦諸業緣之和解圓滿，所以，這保調方便法門謂之「三世因果一世清」為修行最高了業目標。

保調冤親恩師有令保調者知修懺悔前愆，調啟累世恩師保自我靈元有消災化厄、滅斷業種不再墜入輪迴之功德法沿，期累世今生之冤親皆得上登蓮座接受供養懺悔、共修、共融，此為冥陽倆利待功果圓滿化證歸位。

俗語流傳一句話「一人得道九族盡超生」今可在保調中顯現出來成為空前美談。凡辦理祖先申請入保，以入門之陽世子孫功勳註籍迴向各姓氏祖先，入院潛修圓滿祖先因超拔到某個階程需往上昇華，完成它本元之皈徑不再受業力之牽引，入迎真閣依本命之本元派任神職，這也是所謂的「封神榜」，也是累劫倒裝下凡於人身後，回皈原來的真面目。

所以，聖凡雙修依深度來說，藉由保調法門之開啟，努力精進行修，希望在今生能了三世業緣，皈往無債一身輕之徑，追求生命之意義；依廣度來說，依聖之修持回歸凡業之面對處世圓融行之，各盡本分義務了去累世冤結並能廣結善緣自渡渡人。所以說，無論廣度或深度的伸展，這在在由如經緯度的交錯，而這交錯點就是天、地、人三才配合掘起的契機。

八、關聖帝君教門《玄門真宗》報恩的功課

（一）關聖帝君的教門《玄門真宗》聖凡雙修最重要的皈依帶引『認祖、歸宗』

人生而從父母來，死去歸往從何處呢？這是人生的一大課題，也是宗教修持法門上最大的課題，殊知有多少人一生努力所謂修行，但問其終了歸往何處去呀？而其答覆總語焉不祥甚至詫異驚醒於將來何去何從？關聖帝君的教門《玄門真宗》法脈承續固有法統，天命頒敕設脈宏揚並以固有文化「尊天敬祖」的生命觀為基礎，教知以行人本精進及報恩了業的精神，從家族祖源的探尋與血緣關係世系的釐清使認祖歸宗法事的俱足圓滿，咸令入修關聖帝君的教門《玄門真宗》聖凡雙修者皆能得「認祖歸宗」的安住無疑，尤更殊勝者在於「歸宗」法益上實有歸「祖宗」與歸「法宗」兩事，歸「祖宗者」因血緣名份為依，得歸「法宗者」依因緣皈依及入修成就者能皈於「法宗」超生了死、止斷輪迴、做仙做佛進入關聖帝君的教門《玄門真宗》圓融天堂國度自是良緣可契。

（二）帶引修持完成「報父母恩」的孝道人本精神

關聖帝君的教門《玄門真宗》聖凡雙修除要求重視家庭經營與教育外，對於親人長輩的尊親孝道更是要求力行，尤其對於固有文化的敬祖先孝道更是有非常完整的教化以供修行遵循，從一般年節的敬供到春秋兩季的祭祖都有非常完整的修行教化與追思，這除符以固有飲水思源孝道文化外更深入靈修報恩了業的法要，讓深入修行的門下生能於今生今世報得父母恩甚至是累世的父母恩，咸令所有真修實作的門下生能了斷一切恩作業欠，而真的能於今生無債一身清成就於將來佛國淨域進入關聖帝君的教門《玄門真宗》圓融天堂國度焉有不能達之理？

（三）關聖帝君的教門《玄門真宗》的族譜建立與祖先牌位重整能真正落實慎終追遠本義精神

有很多人對於自己的祖先祖源是很重視，但卻不知道做得對與否或是應該怎麼去做，而其實祖源追朔、族譜的建立真的是一件很重要的事，須知：常言於人生責任的完成與否，其實不只單一對子女的教養完成就算責任完成，古有名訓於上下傳承就是教導我們知道人生責任的完成除了向下的教養子女以外，向上的祖源祖先傳承更是一項重大責任傳承，如果沒祖先祖源的傳承哪裡會有你我及向下的子孫傳承呢？因此人生責任的完成其中將祖先祖源的釐清及祖先牌位的對與錯徹底檢驗完整，交付傳承給下一代才是人生責任的完成，所以本教脈以聖凡雙修為主軸當然重視你我生命底裡的根源「祖源祖先」的修行功課，尤其祖先祖源的釐清是一件富有生命科學學術的工作，絕非單一以宗教思想或做法可以圓滿處理的，它必須依照一定的流程一定的文件對照與檢討才能真正無誤的將祖源世系釐清，而這裡所謂的釐清更是牽連甚廣的例如：名分問題、過房承嗣問題、招婿問題、雙姓祖源問題……不一而足，可以說非常複雜又必須嚴謹的釐清。

關聖帝君的教門《玄門真宗》教脈引渡認祖歸宗有非常殊勝的法旨，對於祖源祖先的渡引從協助釐清祖源、建立世系、建立族譜、祖先牌位的勘校、祖先牌位的重新整理謄錄……都有一完整的學術理論依據及辦理實務，尤其在宗教陰陽法務法事上要如何度引祖源祖先「認祖歸宗」及「解冤化結」更是有殊勝神奇的法力驗證。（另有專門論著，歡迎查閱）

（四）辦理春秋二季的祖先超拔聖會，讓往生者真正超生離苦

關聖帝君的教門《玄門真宗》的祖先超渡法事總共有三天，每天都有不同的法沿，從第一天是超渡、第二天是超拔、第三天是超薦都是在為祖先做非常殊勝的法事。須知超渡祖先

的法事不單只是一般的宗教拜拜而已，而是一件天地神佛共鑑的「孝行」，古有名訓「百善孝為先」、「孝心能感動天」都是在提醒大家對於孝行的注意，尤其超渡祖先更是需自己虔誠用心去相應行做，所謂心誠則靈，如此來渡祖先也才會更有成效。

祖先超渡這三天，將不斷誦經、開啟超拔的法沿，透過各種的儀式來給予祖先並且化解問題，所以大家必須共同來參與，這也是關聖帝君的教門《玄門真宗》辦理祖先超渡法事的一大特色，就是要求發心祭祖者務必參加，因為唯有真正自己參加孝心虔敬才能有所功德。又超渡祖先也是一種家庭教育，可以帶全家大小來參與，對於家庭成員、夫妻、子女等以後的家庭教育知行孝報父母恩會有莫大的幫助，這不但是一種傳承甚至是在用心的讓全家參與超渡祖先後可改善家庭的問題，試想全家大小一起共同參與，婆婆、媳婦、孩子都一起來，懂得行孝報恩家庭不就會和睦了嗎？

（五）強調家族理想與家族使命的傳承榮耀

現代的人生活泰半忙碌奔波於營祈生活的挹注，反而少有時間思索經營自己的家庭甚至是家族的傳承，這與固有文化傳承重視家庭倫理的觀念與生活型態有很大的落差，而這也正是現代人生活、生命根柢的一個嚴重危機，有很多人終其一生勞勞碌碌只為填飽一家人的肚子或者一生經營都是只在希望給下一代更好的物質享受，殊不知家庭的經營、子女的教育絕不是單一以物質的充裕就能夠成全圓滿的，須知一個人的一生成就與否，有一半是需以家庭成員的進步成長和諧才是圓滿成功的。

尤其目前最為嚴重的是過去家族理想的傳承已少有不復見了，這也是一件非常可悲的事，從目前所謂尊親孝悌的傳統美德觀念的嚴重流失，相對的尊重學習長輩的家族傳承觀念或是以家族長輩為榮耀的家族觀念更是嚴重落差，試想這個家族長輩用一輩子甚至幾十年的努力與生活體驗，卻無法傳承給下一代做為學習或借鏡的法寶，而這是家族成員的損失也是整個社會的損失，真是可惜哉！

關聖帝君的教門《玄門真宗》從聖凡雙修的理念要求重視家庭教育與經營，其中對於上下傳承與溝通有非常完整的教化與修習，咸令希望家族的理想與德行能一代傳一代，使家族興旺、國家社稷自是能興旺矣。

九、關聖帝君教門《玄門真宗》強調以人為本的宗教修行

從關聖帝君的教門《玄門真宗》仙佛聖訓中「人道立，則天道契」就開章明義的直指關聖帝君的教門《玄門真宗》是強調以人為本出發點的宗教，這與一些宗教強調重聖輕凡的修行完全是不一樣，也因此建立了關聖帝君的教門《玄門真宗》強調「聖」「凡」雙修的基礎，因此在關聖帝君的教門《玄門真宗》的修行聖階評鑑中必須聖凡都成就才有可能獲得進階。而以人為出發點的所謂的「聖」也與一般宗教完全著重於神佛領域的宗教工作或內涵不一樣，關聖帝君的教門《玄門真宗》教導大家以多讀書充實知識這就是聖的內涵，所以關聖帝君的教門《玄門真宗》的「聖」可以與現在概稱的「精神、心靈」相類似意涵，也就是所謂聖凡雙修可以簡單以「精神與物質並重」來解釋，這也是以人為出發點注重聖凡同樣功德而不以單一強調拜神佛為主的「聖凡雙修」。

（一）重視宗教生活化，讓修行落實於生活

「宗教不離生活，生活不離宗教」，關聖帝君的教門《玄門真宗》以帶領眾生藉由宗教的信仰及對諸仙神聖佛的崇景依歸與理想追尋的宗教精神，引領進入各種法門的修持使得到

心靈的安住依歸外，更重視將在宗教領域裡的宗教精神，神佛教化訓勉及宗教裡的慈悲喜捨要求付諸於日常生活的踐履，這也從關聖帝君的教門《玄門真宗》每年門下生的聖階升階考評著重聖凡同功的要求來落實，關聖帝君的教門《玄門真宗》要求門下生既已入修又蒙諸天神佛的教化，則必須時時謹記深入實踐，不論食、衣、住、行、坐、臥或任何一項行為舉止都必須落實修之行之的功課。

（二）重視家庭的健全與經營

關聖帝君的教門《玄門真宗》強調聖凡雙修自然對於入家庭的建構與經營非常重視，尤其關聖帝君的教門《玄門真宗》以強調夫婦同修為最佳成就機緣，不但要求門下生進入修行後必須面對家庭的每一成員，上自父母下至兒孫都應善盡本分與善與和諧生活，尤其強調彼此尊重與溝通，嚴禁已入修為門徒者仍然對家庭不負責任或有所謂家庭暴力情形，更進一步應該多方規劃家庭生活讓家庭成員感受家庭的溫暖與和諧生活，相互提攜關懷，引領進入聖凡雙修圓滿的人生觀。

（三）落實聖凡雙修強調應以要求共同建立家庭宣言

每個家庭都有共同的價值觀及理念以做為生活的重心，而聖凡雙修家庭宣言正是可加以凸顯此生活重心，聖凡雙修家庭宣言有如憲法，可當作衡量一切利弊得失的標準以及重大決定的依據，由全家共同討論、擬定及定時修正更能促進溝通強化向心力與堅定付諸實現的決心，面臨危機或困難時聖凡雙修家庭宣言更可幫助一家人認清方向，共度難關並使全家人團結在共同的目標下成就。

家庭的經營是可以藉著共同的目標來促進和諧，有不少家庭處理人際關係沒有原則，全憑一時興起及個人好惡缺乏長久之計，因此，每當壓力升高家人便亂了方寸，出現冷言相向、冷嘲樂諷或沉默抗議等不良反應，而在這種環境下長大的孩子也必然以為解決問題的方法只有衝突或逃避。

關聖帝君的教門《玄門真宗》的門下生都應該有這麼一份聖凡雙修宣言，記載著全家共同訂下的原則，包括互助合作、維持清潔、用言語表達感情、培養專長與欣賞家人的才華等等。每年定期修訂，使之更符合實際狀況。

十、關聖帝君的教門《玄門真宗》的聖凡雙修的家庭觀

現有的一般家庭組織情形，已漸走入二代的小家庭組成，最了不起三代同堂，已是少見

的了，也因小家庭的組成，又泰半為雙薪家庭，各忙各的，各有各自的生活中心，連對孩子的教養也都委由第三者來代替，相對的家庭生活、家庭教育甚至家庭倫常……等等都相對的疏忽了，更別提什麼家庭傳統禮俗、傳統儀規了。其實，這就是造成現今身為中國人、臺灣人整個社會、家庭、倫理……生活等等逐漸由傳承的根源中瓦解的重要因素，也是令許多家庭破散、婚姻離異、教育失敗、子女學壞的主要原因。

以飲水思源承續傳統的本源精神，再學習歐美西方長處的新家庭組織生活方式，我們稱之為「聖凡雙修」的一種方法，這是一件非常重要的事，因為，新的家庭生活組成，夾雜在歐美西式與我傳統倫理中，造成自我生活依侍的嚴重問題，甚至因一味的追求歐美生活方式，過分否認自我傳承文化的根源，已嚴重使整個族群生活定位的無著立點，生命根源認同感不足對本身族群信心的安全感也完全無著力點，需知我傳統的家庭制度能使全家人，甚至整個族群團結、向心力，進而對自我生活定位、自我認同的信心依持也是無可替代的，尤其，當今正處於一個新舊組成交替時代的家庭趨勢時，若不能有一良好的教導或引導方法，使大眾有一合於傳統倫理又不失與現代生活契合的家庭制度良方，那麼怎能令眾生於有淵源有根柢的生活中無憂呢？又如何能令新舊傳承中，以取傳承之優點，而掘展新的延續，達為天地立心，為生民立命的固有先民偉大理想呢？

關聖帝君（玄靈高上帝）的門徒門下生、修士

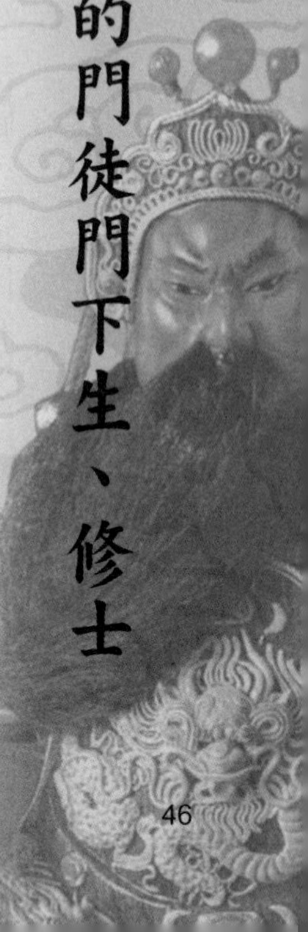

皈依關聖帝君（玄靈高上帝）的「門下生」

「門下生」這是一句很古老的名詞，與現在的「學生」意思雷同，唯「門下生」比「學生」一詞是更深符於對身心生死的修行依皈內涵，尤其目前一般對「學生」一詞可能只算做是一種學習事務、技能、知識的身分名稱吧！但是古老的這句「門下生」可就大不同了，需知身為某某的「門下生」是一件嚴肅又重大的事，因為對入門的「門下生」第一必須要承擔並完全負責任，也就是所謂傳道、授業、解惑，包含人生諸事皆必承擔，第二是入門的門下生要以「尊師重道」為主地，古有名訓一日為師終身為父就是門下生的寫照，綜觀以上、、種種可知身為門下生的殊榮。

如果你能夠是關聖帝君或諸天神佛的「門下生」，那是一件三生有幸的大事，因為關聖帝君或諸天神佛願意收你為「門下生」就是表示願意教導你、傳授你……甚至是給你一生的

依靠……皈依，這是何等的殊勝與重要。

皈依關聖帝君（玄靈高上帝）的「修士」

皈依成為關聖帝君座下的「修士」有一定的要求與認證，「修士」一詞開宗明義就是以入於修行修道為主地，關聖帝君教門《玄門真宗》的入修以宗教「修行」「修道」為統稱，而其內涵則是以奉行「聖凡雙修」強調生活修行合一的本質，立志於一生的修旨成就今生，進而以「超凡入聖」止斷輪迴「超生了死」為目標。

入修為「修士」除必須俱足於一般「門下生」資格以外，更需俱足於進入修行準備的「認證」考核，及進入學法時天臺神人共鑑的「決心、誓願」核准儀規與手續，才能進入俱足「天、地、人」三才法界同鑑的「修士」修行修道身分資格與課程。

關聖帝君的教門《玄門真宗》的修士、門下生組織層級與關聖帝君的教門《玄門真宗》的戒律

十二大戒律如下：

一、力行尊師重道。

二、勤修靜坐、持咒、經卷、祈願、圓融大法修法。

三、護持教法道場不間斷。

四、必以任令一切時中充滿法喜為修法要訣。

五、行修三大引渡法要「給人歡喜、給人希望、給人方便」。

六、入修法要，真實體證不妄言、不諱寵、不欺假。

七、修以恩師之慈悲、誓願、代天宣化之道元本義。

八、知以效法恩師精神，凡事落實，莊嚴，潔淨，整齊。

九、虔敬聖凡雙修，家庭、事業、人際關係、健康，內外兼併，陰陽圓融。

十、行孝報恩，盡天地君親師恩的迴向報恩。

十一、真實正道，行中庸之道，一切圓融為主要。

十二、一切行止，待人以和，律己以嚴，體天地正道，行了三世因業為主的。

<table>
<tr><th colspan="3">聖階職位</th></tr>
<tr><th colspan="3">教尊　玄興　　師母　玄瑛</th></tr>
<tr><td rowspan="5">宗教師</td><td rowspan="5">修師</td><td>弘法師 1</td></tr>
<tr><td>弘道師 2</td></tr>
<tr><td>祈願師</td></tr>
<tr><td>引保師 3</td></tr>
<tr><td>引渡師 1</td></tr>
<tr><td rowspan="5">宗教士</td><td rowspan="7">修士</td><td>弘法士 2</td></tr>
<tr><td>弘道士 3</td></tr>
<tr><td>祈願士</td></tr>
<tr><td>引保士 1</td></tr>
<tr><td>引渡士 2</td></tr>
<tr><td rowspan="5">宗教員</td><td>弘法員 3</td></tr>
<tr><td>弘道員 4</td></tr>
<tr><td rowspan="3">修員</td><td>祈願員</td></tr>
<tr><td>引保員 1</td></tr>
<tr><td>引渡員 2</td></tr>
<tr><td>宗</td><td>修</td><td>弘道生 1</td></tr>
</table>

茲根據98年6月7日七二戒期會議決議將原有戒律條文依三種對象修正劃分如下：

一．初修生適用條款（有登階及短大衣）

1. 尊師重道。
2. 勤修經卷，靜坐修心。
3. 全心護持或參與法脈所有活動、法會、講習、戒期、閉關或精進功課，虔誠熟悉本法脈各項儀規、渡眾法門及教義、宗旨。
4. 勤做運動，鍛鍊身體。
5. 道場內盡量以蔬食為主。
6. 行法喜之佈，隨時給人歡喜，給人希望，給人方便。
7. 奉行恩主「仁、義、禮、智、信」五常及人倫之精神。
8. 真誓願心，力行菩薩道，代天宣化。
9. 隨時保持光明心性，喜顏待人，促進人關係之圓滿。
10. 尊重資深師兄姐之善意教導，有缺失立即改正。
11. 保持服儀整潔，盡量不抽菸、不嚼檳榔。

二、新進初修生適用條款

1.謹守分際，不論是非，不過話，不兩舌惡口向人。
2.不參加賭博聚會或投機性的彩券簽賭。（政府核定合法者亦應減少）
3.不得在法脈內招會或有借貸吸金之行為。
4.不得酗酒鬧事。（以適量為宜）
5.力行聖凡雙修，生活務求圓滿，非經恩主聖示核准，不得剃度、薙髮。
6.不得因財務或感情糾葛之事而造成教脈內的傷害。
7.不得在法脈所屬各道場鬧情緒，打架滋事，破壞公物或資產。
8.不偷竊，不做羞恥的事，不做違法背信之事。
9.不可當面頂撞師長。
10.不得吸毒、販毒或服用法令禁止之藥品。
11.不得在道場內有逾越男女禮儀之行為。
12.不得破壞神尊法像或法器、詆誹三寶。
13.經書和宣教用品不得隨意丟置地面上。
14.不得以「關聖帝君的教門《玄門真宗》」名義對外招搖撞騙或有損教脈形象之行為。

15.自已不明瞭之事，絕不妄加猜測或以訛傳訛，應實事求是。

16.一切以恩師聖示指示為修行標的，不私自誇大或融入私人之見。

17.不可批評其他宗教派別之得失。

18.不可在道場內嬉戲無節制，大聲喧嘩。

19.凡事以本教脈主席、列聖恩師聖訓為信奉之中心，不得心存試法較量之心，邀請其他法脈之神職人員來道場比高下，探虛實之行為。

20.不得在教脈內強迫推銷

三．修士適用條款（已登階有法衣）

1.以玄靈高上帝為教主，本教脈教尊為有形師，不得再師事其他宗派之神職人員為有形師，未依本規定禁令擅自拜師者，視同背叛師門。

2.山、醫、命、卜、相及凡業營生所需，得視個人需要而拜師學藝，但必須經本教脈教尊核准或仙佛指派而為之。未依本規定禁令擅自拜師者，視同背叛師門。

3.時時心存正信、正念，刻刻以代天宣化，渡人濟世為職志，不可賣法或以法術從事危害社會國家及詐騙財色之勾當。

4.同門之間，不得互相試法、較量或互相攻詰，否則視為背叛師門。
5.身兼教脈行政事務之職，不得見利忘義。
6.以「關聖帝君的教門《玄門真宗》就是我，我就是關聖帝君的教門《玄門真宗》」之理念自期，犧牲奉獻，不退護道之決心。
7.本身未涉及之領域（學科或術料），絕不吹噓、臆測；不該看的法牒、文件，不該聽的課程，不可私自翻閱、竊聽。
8.不因學法、向法而心存比評得失之念或妄求授法，一切依個人因緣及心性之成就，由列聖恩師聖訓全權作主。

玉線　玄門真宗
創教第一代宗教法師授證登階典禮

◎祥獅獻瑞

◎戰鼓

一、典禮開始～（奏樂）

二、貴賓及監司介紹

三、全體肅立　恭向本教教主玄靈高上帝列聖恩師行三鞠躬禮

四、伺服：（依序為教尊師母法領、法帽，家人儀帶）（奏樂）

五、恭請玉線玄門真宗法脈教尊應天命登壇主法授證（奏樂）

『由淨爐引導、教尊、師母、家人（護法隨同）依儀入登天台』

淨爐：鄭◎湖（開四門後回請引上天壇）

1.鞠躬 跪 上香（鐘鼓齊鳴）

2.請法（鐘鼓齊鳴）

3.開敕（鐘鼓齊鳴）

4.行三跪九叩禮（鐘鼓齊鳴）

六、恭請玉線玄門真宗教脈教尊玄興帶引入選創教第一代宗教法師行拜謝長官、學者、道長栽培成全監司禮（請轉向右邊）

1.全體一鞠躬

2.再鞠躬

3.三鞠躬

七、恭請玉線玄門真宗教脈教尊玄興帶引入選創教第一代宗教法師行拜謝父母、恩師、親朋戚友栽培成全感恩禮（請轉向左邊）

1.全體一鞠躬

2.再鞠躬

3.三鞠躬

八、恭請玉線玄門真宗教脈教尊玄興帶引入選創教第一代宗教法師行拜謝祖先感恩禮（全體由教尊帶引前往孝思廳）

淨爐：鄭◎湖

1.鞠躬　跪　上香（奏樂）

2.行三跪九叩禮（奏樂）

【行完禮後再帶引出行至天台前排班　淨爐：鄭西湖】

九、玉線玄門真宗創教入選第一代宗教法師登天台授證

（一）玉線玄門真宗創教入選第一代宗教法師

弘道師　柯◎勝　請就位（簡介）

恭請 弘道師　登天台
1.敬呈師禮登天壇
2.上香（鐘鼓齊鳴）
3.奉茶『端茶二杯給教尊，一杯教尊先奉呈玄門真宗歷代祖師，另一杯呈教尊』（鐘齊鳴）
4.敬呈師禮（鐘鼓齊鳴）
5.授證（鐘鼓齊鳴）
6.行三跪九叩禮（鐘鼓齊鳴）

（二）玉線玄門真宗創教入選第一代宗教法師

引保師 陳◎良、蔡◎生、許◎梅　請就位（簡介）
恭請 引保師 登天台（簡介）
1.敬呈師禮登天壇
2.上香（鐘鼓齊鳴）
3.奉茶『端茶二杯給教尊，一杯教尊先奉呈玄門真宗歷代祖師，另一杯呈教尊』

（鐘鼓齊鳴）

4.敬呈師禮（鐘鼓齊鳴）

5.授證（鐘鼓齊鳴）

6.行三跪九叩禮（鐘鼓齊鳴）

（三）玉線玄門真宗創教入選第一代宗教法師

引渡師 紀◎基　請就位（簡介）

恭請 引渡師　登天台

1.敬呈師禮登天壇

2.上香（鐘鼓齊鳴）

3.奉茶『端茶二杯給教尊，一杯教尊先奉呈玄門真宗歷代祖師，另一杯呈教尊』

（鐘鼓齊鳴）

4.敬呈師禮（鐘鼓齊鳴）

5.授證（鐘鼓齊鳴）

6.行三跪九叩禮（鐘鼓齊鳴）

（四）玉線玄門真宗創教入選第一代宗教法師

弘法士 柯◎如、李◎璟　請就位（簡介）

恭請　弘法士 登天台

1.敬呈師禮登天壇

2.上香（鐘鼓齊鳴）

3.奉茶『端茶二杯給教尊，一杯教尊先奉呈玄門真宗歷代祖師，另一杯呈教尊』（鐘鼓齊鳴）

4.敬呈師禮（鐘鼓齊鳴）

5.授證（鐘鼓齊鳴）

6.行三跪九叩禮（鐘鼓齊鳴）

（五）玉線玄門真宗創教入選第一代宗教法師

弘道士曾◎憑、劉◎註、劉◎安　請就位（簡介）　恭請　弘道士 登天台

1.敬呈師禮登天壇

2.上香（鐘鼓齊鳴）

3.奉茶『端茶二杯給教尊，一杯教尊先奉呈玄門真宗歷代祖師，另一杯呈教尊』

（鐘鼓齊鳴）

4.敬呈師禮（鐘鼓齊鳴）

5.授證（鐘鼓齊鳴）

6.行三跪九叩禮（鐘鼓齊鳴）

（六）玉線玄門真宗創教入選第一代宗教法師

引保士白◎銘、曾◎貞、蔡◎芳、周◎琴、柯◎鴻請就位（簡介）

恭請 引保士登天台

1.敬呈師禮登天壇

2.上香（鐘鼓齊鳴）

3.奉茶『端茶二杯給教尊，一杯教尊先奉呈玄門真宗歷代祖師，另一杯呈教尊』

（鐘鼓齊鳴）

4.敬呈師禮（鐘鼓齊鳴）

5.授證（鐘鼓齊鳴）

6.行三跪九叩禮（鐘鼓齊鳴）

（七）玉線玄門真宗創教入選第一代宗教法師

引渡士　林◎春、林◎妹、林◎綺、洪◎綿、詹◎珠、柯◎菁、蔡◎玲、劉◎綢、紀◎婷

請就位（簡介）

恭請　引渡士　登天台

1.敬呈師禮登天壇

2.上香（鐘鼓齊鳴）

3.奉茶『端茶二杯給教尊，一杯教尊先奉呈玄門真宗歷代祖師，另一杯呈教尊』

（鐘鼓齊鳴）

4.敬呈師禮（鐘鼓齊鳴）

5.授證（鐘鼓齊鳴）

6.行三跪九叩禮（鐘鼓齊鳴）

（八）玉線玄門真宗創教入選第一代宗教法師

弘法員 盧◎玉、紀◎佩、余◎君　請就位（簡介）

恭請　弘法員　登天台

1.敬呈師禮登天壇

2.上香（鐘鼓齊鳴）

3.奉茶『端茶二杯給教尊，一杯教尊先奉呈玄門真宗歷代祖師，另一杯呈教尊』（鐘鼓齊鳴）

4.敬呈師禮（鐘鼓齊鳴）

5.授證（鐘鼓齊鳴）

6.行三跪九叩禮（鐘鼓齊鳴）

（九）玉線玄門真宗創教入選第一代宗教法師

弘道員　李◎秀、鄭◎湖、鄭◎昀、劉◎月、簡◎全、林◎裡、康◎雲、陳◎薇、胡◎玲、葉◎莘、林◎春　請就位（簡介）

恭請　弘道員　登天台（簡介）

1.敬呈師禮登天壇
2.上香（鐘鼓齊鳴）
3.奉茶『端茶二杯給教尊，一杯教尊先奉呈玄門真宗歷代祖師，另一杯呈教尊』
（鐘鼓齊鳴）
4.敬呈師禮（鐘鼓齊鳴）
5.授證（鐘鼓齊鳴）
6.行三跪九叩禮（鐘鼓齊鳴）

（十）玉線玄門真宗創教入選第一代宗教法師

引保員　石◎珠、周◎雄、李◎元　請就位（簡介）
恭請　引保員　登天台（簡介）
1.敬呈師禮登天壇
2.上香（鐘鼓齊鳴）
3.奉茶『端茶二杯給教尊，一杯教尊先奉呈玄門真宗歷代祖師，另一杯呈教尊』
（鐘鼓齊鳴）

4.敬呈師禮（鐘鼓齊鳴）
5.授證（鐘鼓齊鳴）
6.行三跪九叩禮（鐘鼓齊鳴）

（十一）玉線玄門真宗創教入選第一代宗教法師

引渡員 張◎梅、蔡◎綺、劉◎華、陳◎詢、陳◎潔、沈◎琪、陳◎、何◎稜、林◎南、洪◎鋒 請就位（簡介）

恭請 引渡員 登天台

1.敬呈師禮登天壇
2.上香（鐘鼓齊鳴）
3.奉茶『端茶二杯給教尊，一杯教尊先奉呈玄門真宗歷代祖師，另一杯呈教尊』（鐘鼓齊鳴）
4.敬呈師禮（鐘鼓齊鳴）
5.授證（鐘鼓齊鳴）
6.行三跪九叩禮（鐘鼓齊鳴）

（十二）玉線玄門真宗創教入選第一代宗教法師

正修生柯◎貴、陳◎州、陳◎蘭、林◎淇、黃◎聆

初修生蔡◎滋、林◎庭、曾◎媚、王◎　、林◎蓮、李◎慶請就位（簡介）

恭請 正修生 初修生登天台

1.敬呈師禮登天壇

2.上香（鐘鼓齊鳴）

3.奉茶『端茶二杯給教尊，一杯教尊先奉呈玄門真宗歷代祖師，另一杯呈教尊』

（鐘鼓齊鳴）

4.敬呈師禮（鐘鼓齊鳴）

5.授證（鐘鼓齊鳴）

6.行三跪九叩禮（鐘鼓齊鳴）

十、　呈旨

十一、恭請教尊首開法榜敕命～『教尊開命敕旨用印』

十二、恭請玉線玄門真宗教脈教尊 玄興訓勉

十三、全體肅立，恭向本脈教主玄靈高上帝、列代祖師、教尊　師母　最敬禮鞠躬〈一鞠躬禮〉

十四、禮成

龍鴻館

創教宗主
線玄門真宗教脈
創教第一代宗教法師
聖階
宗主 玄興

天德教

中華民國天德教皈依儀程

天德教皈依科儀展演紀實

中華民國天德教皈依儀程

天德教臺南市念字聖堂

壹、依據：

天德教律藏「德教宏規」第九章德教禮儀規範第11節第32條辦理。

貳、皈依條件：

凡具誠敬、志心皈道、品德良好之成年男女，經本教道友二人推介，並認定本教二十字教義「忠恕廉明德正義信忍公博孝仁慈覺節儉真禮和」，其中任擇二字，終身奉行不違，得填具皈依申請表格，辦理皈依。

參、皈依儀程：

1．恭行上香、上供禮：循古代敬天三獻三敬、三拜九叩之禮，稟告無形古佛、一炁宗主及遍佈虛空法界諸神祇。

2．恭行申表禮：由讀文生讀表，讀畢後由開導師頂焚表文，表文即呈至無形古佛案前。

3．開導師代無形傳法：「無形」系指無形古佛一炁宗主；皈依生跪受

（1）無形針—伸出兩手之食指、中指、無名指。

（2）掌光—兩掌攤平，開導師用硃砂筆於右掌寫「金」，左掌寫「光」，寫畢後吃下，全身為佛光籠罩、不為妖魔所擾，口吐金光、可驅邪除穢。

（3）丹藥—雙掌併攏呈現捧物狀，開導師將無形丹藥灑至掌上，即可接受無形賜藥。

（4）布丹—取棉布一塊，由開導師打光無形賜藥後，由皈依生焚化，布上會現出各種花紋圖案或文字，每人所現都不相同，乃菩薩賜予勉勵奉行。

肆、開導師闡釋：

（1）何謂「皈依」：

無形古佛諭示「皈依二字者，皈命志心；志心皈命禮，又名悔覺也。依，乃依附自命自心之正覺也。恒河沙數之眾生，迷於障。如孤雁歸途，不知投宿，故用皈依引導歸途，知本知根，返原來之真。」宗主諭示「皈依即是入聖之道，既入聖道，已往一切過犯，自當時時懺悔，實行聖賢之法，學聖賢之道，不可與未皈依時，同樣妄行，應處處留意，刻刻驚心，皈依時，認定之二字，應該確實力行，終身不懈，倘有違反，護法神自當奏達天宮，嚴加譴責，乾坤弟子，對於二十字，望各凜遵。」

（2）何謂「天德教」：

遵從奉行諸聖賢仙佛之性德為教化，聖賢仙佛之性德即本教二十字，以二十字教化眾生就是「天德教」。天德教之精神，即研究各教之精義；秉先賢聖佛之正理，闡二十字之真諦，則正人而順天，挽浩劫之捷徑，普濟天下蒼生，解疾苦，化災劫於無形。

（3）天德教道統：

係以三皇五帝，承續堯、舜、禹、湯、文、武、周公之中華道統。於丁卯年復教以來，弘教護道代代相傳，現今已是第五代，以輩分分即是「明」字輩。

（4）本教祖庭：

位於黃山芙蓉居。

（5）天德教來臺開山祖師：

雲天老人笛卿夫子，於六十四年農曆五月初八歸位，果證「圓明至佛」。

（6）天德教道監：

秦道監淑德老師，荷擔祖師志業，遍設道壇、彙集經典、宏教立案、奠基弘道，於九十六年農曆臘月初五歸位，果證「大覺菩薩」。

（7）謹遵四願：

一願「人有過惡，願罪我身」

二願「人有災劫，願自承當」

三願「人有孽債，願自清償」

四願「人有痛苦，願自分嘗」

（8）體行四大責任：

（一）精神療養—醫人「意念療法，起疾解痾」

（二）弘揚二十字—化人「心靈淨化，降服三毒」

（三）誦經傳道—度人「讀誦演說，精進三慧」

（四）慈善公益—濟人「移風易俗，大慈大悲」

（9）謹遵四勿：

（一）勿以私害公。

（二）勿以心害理。

（三）勿以小害大。

（四）勿以晦害明。

（10）皈依弟子之責：

（一）求道不問書多少。

（二）不求名利品德高。

（三）不詭譎徑捷求速。

（四）不氣傲心浮自尊己高。

（五）不偏激離群。

（六）不孤芳自賞而墜末途。

伍、開導師贈禮：

1．開導師闡釋畢，頒贈皈依生二十字真經一卷，期望弟子精研經典，誦持奉行。
2．致贈唸珠一串，祈求護法神護佑弟子，生定慧諸事順遂。
3．致贈二十字徽章，祈求諸佛庇佑，身、心、靈清靜，不受魔擾。
4．致贈一炁宗主聖像，期望弟子能常唸佛，生佛心，行佛行。

陸、開導師傳法說明：

1．無形針：三指無形針，為我宗主開亙古未有之法門，濟世救人之法寶，修練精、氣、神，此氣即剛正之氣，醫治貪、瞋、癡三毒之心，枯木可逢春，醫治天地之病，三指揮甘露，起死又回生。

2．掌光：即佛賜金光，乃秉先天真元之炁，掃除濁氛，暢經絡、通血脈，治百病；與無形針同為濟世之法寶，本教以此治病醫心，即稱之為「精神療養」，開山祖師笛卿夫子於五十六年向政府登記立案，成立「中國精神療養研究會」。

3．精神療養醫病：醫病即揚道之先鋒，治病必先治心，心正則無病，心偏則患疾，故治病以己之精神而治之，以己之正氣，摒去病人之戾氣，解除病人一切昏沉，使病人心不正而自正，病不癒而自癒，治病之感應，厥唯二十字，別無他方，二十字能醫天地病，三無可換日月明。

4．無形丹藥與布丹：為無形所賜，凡皈依弟子以誠敬清靜心，用白水一杯，誦唸二十字經七遍，祈佛賜丹藥，可保身康體健，生清靜心廣增智慧；布丹為純棉之白布，棉種植於地，吸收五行（金、木、水、火、土）之氣，天命五行以生人，人得五行以立命，人秉天地之氣，五常之性（義、仁、智、禮、信），對治肺、肝、腎、心、脾，而生辣、酸、鹹、苦、甘五味，以五味而治五臟，臟健氣正身行正，則正氣充塞天地，即無病痛與災劫。

柒、呼禮程序：

1．佛殿內外肅靜、恭行皈依禮、執事生各司其事，排班肅立，互對一鞠躬

2．主禮生出班就位、陪禮生出班就位、皈依生出班就位

3．恭行參駕禮（三跪九叩首）

4．主禮生詣向案前恭行上香上供申表禮

5．讀文生出班就位（一跪四叩首）跪讀表文
6．主禮生頂焚表文
7．主禮生復位、恭行皈依禮（一跪三叩首畢）
8．主禮陪禮生仍歸班次
9．皈依生跪、開導師就位
10．代師尊傳無形針、掌光、賜丹藥、賜布丹（開導師逐項說明）
11．開導師教義教規闡釋及傳法說明
12．開導師贈禮，以金黃色托盤承置，含經書、唸珠、二十字徽章、一炁宗主聖像，
並逐一說明
13．恭行謝恩禮（三跪九叩首）
14．恭行參師禮（一跪三叩首）
15．感謝陪禮生，向陪禮生一鞠躬
16．仍歸班次、皈依禮成、互對一鞠躬、退班

捌、天德教十六戒條：

1．戒不敬天地
2．戒不孝父母
3．戒不睦手足
4．戒拋撒五穀
5．戒吸食鴉片
6．戒賭博亂淫
7．戒挑撥是非
8．戒借道歛財
9．戒明瞞暗騙。
10．戒不信不愛
11．戒好酒貪杯
12．戒不信聖訓
13．戒巧裝異服
14．戒放蕩形骸

15．戒不守二十字
16．戒毀謗神祇

玖、結語：

二十字宗旨在規範世人、向善進道、濟世渡人，宏揚道德倫理，助修功慧業之成，為修齊治平之捷徑，克治操存、徹證擴充也；二十字乾坤宏道、行道、修道者，量寬宏偉，抱百忍、發宏願，忍人所不能忍之氣、容人所不能容之容、化人所不能之化，秉持行之，頑石自有點頭之日。二十字修持者時常反躬自省，他人之錯己當反而內省，他人之不是自己當一一勘驗；責人之非不如行己之是，揚己之是不如克己之非。故曰：「愛人不親，反其人；治人不治，反其智；禮人不答，反其敬。」，故云：「君子之道必先自反也」。乾坤修身行道者皆明此理，應予傳之以道、教之以言、化之以行，以身作則。二十字驚天地，二十字渡人船，福世壽寰宇，奧理闡妙言，仙佛共信守，此中產聖賢，人人能遵行，個個成真仙。

天德教二十字箴言

儀容整潔，行列規矩，莊嚴肅穆

虔誠敬禱，按部就班，行禮如儀

與會各界來賓專注觀摩

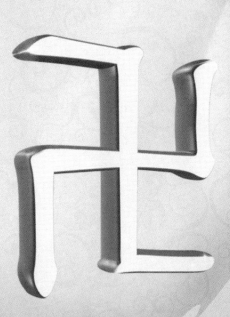

佛教

略談三皈依

佛教皈依儀軌探微

佛教皈依科儀展演紀實

略談三皈依

釋廣心
南投集集鎮國寺住持

為何三皈依

1. 定信仰
2. 消災障
3. 增福慧
4. 離惡道
5. 出三界
6. 成佛渡生

皈依的重要

皈依是真正信佛學的開始，是學佛的第一課，也是進入佛門的第一步，雖是第一步，但如不踏出第一步，豈能踏出第二步、第三步？要走第二步、第三步，必定先從第一步開始，所謂：「千里之行，起於足下」，又說：「登高必自卑，行遠必自邇」，所以信佛學佛乃至成佛，要從三皈依開始。三皈依也是學佛成佛的基礎，所謂「萬丈高樓從地起」，若要地基，五層、十層乃至百層高樓不可能穩固；若無三皈依，要脫離三界六道輪迴乃至成佛，那是不可能的，可見皈依三寶的重要。

而且，不只入佛門要先皈依，五戒、八戒、十戒、俱足戒都要三皈。因此三皈即分有如下五種：

1. 翻邪三皈
2. 五戒三皈
3. 八戒三皈
4. 十戒三皈
5. 俱足戒三皈

皈依的意義

「皈」即回轉歸投，「依」即依靠信賴，亦有保護、救渡之義。

人若必有皈依，則身得安穩，遇難不驚，平安度日，如人溺水，忽見船來，乃歸投過去，上船安坐，依靠此船，蒙其救渡保護。

一切凡夫，都是沉溺在六道苦海當中，頭出頭沒，備受痛苦。佛說「人生是苦」、「六道苦海」。

沉輪六道苦海的眾生，三寶是救人的大船，只要真心歸投依靠三寶，進而依教修行，便能脫離三界火宅、六道苦海，甚至成佛。所謂「生死為海，三寶為船，眾生皈依，即登彼岸」。

若能願生彌陀淨土，專唸彌陀名號，今年便能脫出六道輪迴，往生淨生成佛，未來廣渡眾生，乃是必然之事。

又，皈字從白從反，有反染成淨成淨，去邪歸正，離惡向善之意。若更譬喻之，三寶猶如：暗室的明燈；歧途的指南；苦海的慈航；火宅的甘霖；貧者的寶物；病者的良藥。

皈依三寶：如囚出獄，如子歸來；如迷鄉覺；如苦得樂；如墮又升。

三寶的意義

皈依三寶要先瞭解三寶之義，三寶即佛寶、法寶、僧寶。

佛—佛是「覺」之義，所謂「自覺、覺他、覺行圓滿」。亦即自己證悟宇宙人生的真理，並且充滿慈悲、智慧、願力、神通、辯才，能廣渡眾生，使眾生也能成佛。又，佛是福慧兩皆俱足，故曰「皈依佛兩足尊」。故佛是宇宙之中，最尊第一、至高無上的大聖者，所謂「天上天下無如佛」。

在歷史上出現的佛是釋迦牟尼佛，而十方世界亦有無量諸佛為老師，可說光榮之至，慶幸之極。

法—釋尊所說的經典，亦即宇宙人生的真理，修行的目標與方法。聞法修行，能明因識果，去惡行善，離苦得樂，脫出三界火宅，永離六道苦海，證悟涅槃寂靜而成佛。又，法是清淨無垢，究竟圓滿，故曰「歸依法離欲尊」。

僧—出家僧團，佛的代表，傳承佛法、住持佛法；一則依法修行而自渡，二則代佛說法而渡他。如此僧團，人中最上，故曰「皈依僧眾中尊。」

寶—三寶之寶有多義，略述其三：

一、稀有義：銅鐵多；金銀少；金銀有，鑽石少；鑽石有，牟尼少。

世有金銀，物質生活無憂；若皈依三寶，精神生活富裕，靈魂救渡可期，故三寶是寶中之真實。

三寶稀有難遇，有偈曰：

佛出世時我沉淪，佛滅渡後我出世；
懺悔此身多業障，不見如來金色身。

又說：

人身難得今已得，佛法難聞今已聞；
此身不向今生渡，更向何生度此身。

《無量壽經》說：

若聞斯經，信樂受持，難中之難，無過此難！

二、最勝義：世上最勝，能生無量功德，發揮無盡妙用，並且取之不竭，用之不盡，無極無限，無邊無際。

三、不改義：猶如金剛，永不變質，永不消失，絕對可依靠。世間無一可靠：

自身有老病苦，不可靠；
親友有離別苦，不可靠；
財富有銷散苦，不可靠；
名位有墜落苦，不可靠；
社會有敗壞苦，不可靠；
鬼神有兇殺苦，不可靠；

《無量壽經》言：

愛欲榮華，不可常保，皆當別離，無可樂者。

又言：

人生世間，愛欲之中，獨生獨死，獨去獨來；
當行至趣，苦樂之地，身自當之，無有代者。

永遠不離，與我長在，只有三寶。

三寶的種類

有多種，歸納為三：

一、化相三寶：又稱「別相三寶」、「最初三寶」。皈依佛，以釋迦牟尼佛為師；皈依法，以佛所說四諦、八正道、十二因緣等真理為師；皈依僧，以最初隨佛出家比丘為師。

二、住持三寶：又稱「常住三寶」。指流傳、維持佛教於後世之三寶。禮一切諸佛佛像為佛寶；一切諸法經典為法寶；一切出家僧眾為僧寶。

三、自性三寶：又稱「理體三寶」、「一體三寶」。亦即皈依佛，人人皆有如來佛性；皈依法，人人皆有平等無差別的法性；皈依僧，人人皆有般若清淨的身心。

沒有住持三寶，無以顯現體三寶；沒有理體三寶，無以安立住持三寶；住持三寶是理體三寶的大用，理體三寶是住持三寶的全體。

先皈先身外的住持三寶，進而依法修行，證悟自性的理體三寶。

三皈的利益

皈依三寶的功德利益，可說在人生中，所得利益總加起來，也不及皈依三寶的功德之大之多。綜合起來，約有八種：

佛子—成為佛的弟子。

戒基—是受戒的基礎。

減業—減輕業障。

積福—能積廣大福福。

善成—一切好事都會成功。

不墜—不墮惡道。

神護—四王天派遣三十六位善神隨身擁護。

得渡—將來龍華三會，渡脫現在皈依者。

若欲舉例，經中甚多，略舉如下：

一、《經》言：「世人雖然行善，不能破壞先世惡業，若能受三皈依戒，便能破壞先世罪業。」

二、《善生經》說：「若人受三皈，所得果報不可窮盡，如四大寶藏，全國人民七年之中，運出不盡。皈依三寶者，其福過彼，不可勝計。」

三、《折伏羅漢經》說：「過去，有一位忉利天子，天福享完，壽命將終，再過七天，就要死了，他的身體也衰敗不堪。但他知道，命終之後，將在豬中投胎，所以他恐慌極了。於是請教天主，天主也沒有辦法，天主要他去向佛陀求救，佛陀教他皈依了三寶。死後不唯免墮豬胎，得生人間，並舍利弗，請佛說法，而證得聖果。」

四、《法句譬喻經》說：「從前帝釋天五德離身，五衰相現，自知命盡，當下要墜入畜生，在一個以治陶為業的人家受驢胎。帝釋天立刻馳往佛所，稽首作禮，伏地三自皈命佛法僧眾。未起之間，其神識已至陶家驢腹之中。當時驢因沒有繩索繫縛，行動之間，破壞坏器，主人用鞭責打，驢腹痛，即時傷胎，其神識即刻又還入原來身中，五德還備，復為天帝。當時，佛陀為其說法，帝釋天即知無常之要，明白罪福的變化，瞭解興衰的根本，從此歡喜信受三寶，故再進而德須陀洹道。」

五、《受三皈獲免惡道經》說：「過去，有一位三十三天的天子，天福盡了，還有七天，就要死了，昔的歡樂，都離開他了，美麗的天女，不再親近他了，本來是威威堂堂的相貌，現在變得毫無氣色了，他的身體，既然衰弱，並且垢穢不堪，兩腋之下，整日流著臭汗。他也看到，他將生到豬胎中去，因此躺在地上，哀傷、流淚、訴苦。此事給天主知道了，指示他誠心皈依三寶，教他口唸：『皈依佛兩足尊，皈依法離欲尊，皈依僧眾中尊』，他便照著天主的指示，皈依了三寶。七天的時限一到，他便死了。天主為想知道，他死後究竟住生何處，但是以他的能力看遍了所能看到的所在，都無法看到那個天子的下落。只好去問佛陀，佛陀告訴他說：『已經由於皈依三寶的功德，轉墮為升，升到兜率天去了。你們天人，只能看下面，看不到上面的。』」

六、《印光大師全集》有一段記載：「有一天晚上，有一位女鬼很痛苦的跪在關房前求救。她自己說：『我是某省某縣的人，丈夫個性毒辣，致我死於非命，至今含冤未伸。他已來函請求皈依老法師（印光大師），來信已在途中，明日必到。他若得皈依三寶為佛弟子，我即永無超生之日，懇求老法師萬勿准許。』哀求不已。我開示她說：『恩怨本自平等，善惡了無自性；既遭惡緣，宜求解釋，免得世世酬報。妳應發心皈依三寶，我可代妳求法力加被，妳可從此解脫，並諭知妳的丈夫為妳超薦。』女鬼終於答應，隔天果然有求皈依之某某。」

以何心情皈依

一、真誠、恭敬、殷切心。

二、瞭解三皈、清楚表達。

三、鄭重其事，以期圓滿究竟。

皈依前要先懺悔

衣服若髒，清洗則淨；東西放久，要曬太陽，否則會發霉。罪過要發露懺悔，懺悔則清淨。眾罪如霜露，懺悔能消除，所謂「彌天罪過，當不得一個悔字」。

我們的心只有佛能理解，也只有佛不嫌棄我們，包容我們，原諒我們。人有隔閡，即使夫妻，也不能互吐心聲，互相理解，互相包容原諒。

皈依後勸囑

一、每日至少一次，真誠稱唸三皈依文。

二、要具正知正見：相信有善惡報應，有三世因果，有六道輪迴，修者超生，不修者墮。
三、諸惡莫作，眾善眾行，眾公守法，為世良民，為人楷模。
四、唸佛即是懺悔，若願生彌陀淨土，專稱彌陀佛名，即是根本皈依、根本懺悔。可謂一皈永皈，一懺永懺。善導大師說：「唸唸稱名常懺悔。」
因為既往生彌陀淨土，即已脫離三界六道輪迴，必定成佛渡生，豈非究竟圓滿三皈之目的！
五、又，唸佛人是淨土眷屬，猶如兄弟。因為：同念彌陀佛名，同生彌陀淨土，同一彌陀正覺花化生；同一唸佛，同一淨土，同一蓮花。則唸佛人同是淨土眷屬，猶如兄弟，同秉父母（彌陀）氣血所生，可謂「本皆唸佛人，本皆同根生」，理宜互相友愛，情同手足。故《往生論註》亦言：「同一唸佛無別道，遠通法界皆兄弟。」
六、既是淨土眷屬，也是同門師兄弟，彼此要：
相尊重不相輕視，相親近不相疏遠，相體諒不相批評，相幫助不相袖手。

皈依之後的行持

先恭喜大家，從今天之後，大家都是佛門弟子，都是宇宙最偉大、最慈悲的佛陀的弟子，是一件可喜可慶之事！我們都已經是皈依的佛門信徒，為了讓大家進一步加深瞭解皈依的意義，以及日後的方向，在此提醒以下幾點，希望大家能牢記，進而實踐。

第一點：就如剛剛所宣誓的，我們皈依是皈依佛、法、僧三寶，以佛、以法、以廣大的如法出家眾為我們的老師，所以並不是說皈依某一個人，或者是皈依某一個道場，並不是這樣的，也唯有以廣大的、浩浩蕩蕩的三寶為我們的老師，這樣功德才大。佛經上說，皈依佛，不墮地獄餓鬼畜生；皈依法，不墮地獄餓鬼玄生；皈依僧，也是不墮地獄餓鬼畜生。我們如果有這一份虔誠恭敬，而且皈依之心真心不移，那下輩子是不會墮落三惡道的。

第二點：你們今天皈依只是初步，但都還沒有受戒，所以，無所謂皈依之後，這個能做，那個不能做的問題。也就是說，大家以前是怎麼樣的過生活，就繼續那樣的生活，沒有過度的要求，因為大家還未受五戒、菩薩戒，所以吃什麼、穿什麼、做什麼都可以，沒有限制。只是說既然我們已是皈依三寶的人了，而佛是慈悲的，法是宇宙人生的真理，我們就應該有心依佛的教法奉行。佛的教法除了最基本的三皈依之外，接下來就是五戒十善，所以你們即使還沒有受五戒，也要盡量的隨緣、隨分、隨力的不違犯五戒十善。

接下來，皈依之後就已經是佛門的信徒了，因此理所當然的對佛教基本教法要有所瞭解，進而信受奉行。佛教最基本的教法就是「因果」，什麼因果呢？就是善有善報，惡有惡報，行善將來得到樂的果報，行惡將來得到苦的果報，簡而言之，就是善惡報應的因果。而且這個因緣果報不只是今生今世而已，是貫通過去、現在以及未來，完整的講，就是三世因果。所果報的境界呢？就是所謂的六道輪迴。所以相信善惡報應、三世因果、六道輪迴，就是相信佛教，沒有這樣的相信就不是佛教信徒了。

既然我們相信有善惡報應，有三世因果，我們身為一個皈依三寶者，對於為人處世的心，就要有以下幾點觀念：

第一點，「隨緣消舊業」。既然有三世因果的報應，可見我們今生今世的苦樂禍福、得失成敗，都跟過去世我們所造的業，有百分之一百的關係。所以我們如果遇到順緣的時候，就應該心生感恩；遇到逆緣的時候，譬如說有人說我們的壞話、背後話、毀謗的話，或者是事業、感情的種種挫折失敗，我們就要怎麼樣呢？要心甘情願的接受，曉得這是我們在還過去的債，這叫做隨緣消舊業。反之，如果心有不平不滿，那豈不是這個舊的業債不但沒有還，反而又增加了一層新的業債上去了嗎？所以學佛者要有一個很基本的觀念，就是隨緣消舊業，那要怎樣隨緣消舊業呢？就是凡事盡量無諍，因為這是自己的業障，應該逆來順受，而不以牙還牙，所以不與人諍。但是，若只是外表不與人諍，卻積壓在心中的話，那也不好，會造成精神病，所以內心也不去生氣，不存在心中。也就是，不但表面行為不與人諍，也沒有生氣積壓在心中，心中也無瞋氣，這就是隨緣消業障。

完整的講，我們不但要「隨緣消舊業」，也要「更莫造新殃」，也就是，除了一方面消業障之外，另一方面自己也不要再去做違背五戒，或者違犯十善的事情，這樣的話，就是在「隨緣消舊業，更莫造新殃」了。當然我們都是凡夫，難免心有餘而力不足，這個時候要怎麼樣呢？既然自己是凡夫，常常知道應該做到而做不到，他人豈不是也是一樣，所以我們彼此就要互相體諒，互相包容。

第二點，「凡事為他想」。任何事情如果能夠先為別人著想的話，那真的是可以給對方帶來溫暖跟恩慈體貼，彼此不但和諧，同時對方也會感我們的恩，無形中我們就在跟他結善緣、結佛緣。

第三點，「理性不情緒」。人際人間之所以會彼此不和諧，或者是心中有苦惱，或者是造罪造業，往往都是不夠理性，都是太情緒化了，所以凡事要理性而不情緒。那要怎樣理性不情緒呢？就是凡事要客觀，不要自以為是。

第四點，「只見自己過」。孟子有一句話說：「行有不得，反求諸己」。也就是說凡事要先反求諸己，一件事情如果與人有了摩擦，那麼我們首先要反省自己，先檢討自己，所以只見自己過。這樣的話，彼此就能和諧，業障也能消除；如果凡事都是我對你錯的話，就會夫妻不和、家庭不和、團體不和，會給自己帶來種種苦惱，所以，寧可承認自己的錯誤，自己擺低姿勢，這樣的話會給團體帶來和諧，也會贏得別人對我們的尊敬。

第五點，「不說他人說」。一切的罪過，往往都是因為不守口德，所以我們要學習守口如瓶，凡事檢討自己的過錯之外，不要去責備人家。如果發現別人有錯誤，也不要去宣揚，不要講給第二個人聽。也不要講給自己最親密的人聽。因為自己最親密的人，也有他親密的知己，話傳來傳去，罪業就造出去了，而且，說人背後話是最損陰德的。所以，我們修行學佛最重要的是心存誠懇，存誠懇之心而不要隨便打妄語，不要隨便說是非。總之，就是要存好心、要說好話，要做好事。

第六點，「唸佛願生西」。這是最重要的，因為我們即使真心皈了，不墮三惡道了，但是六道輪迴還在，六道輪迴如果沒有超脫的話，那麼總會有某一生某一世，就會墮落三惡道，一旦墮落三惡道的話，那麼就是所謂的苦重時長：痛苦非常的深嫌，而果去又非常的漫長，所以，要唸佛！能夠誠懇的唸佛，就是真正的皈依，因為唸佛就有彌陀的加持，如果我們唸佛並且不執著這個世間的一切，而願生極樂世界的話，那就必定往生極樂世界，往往極樂世界就一定成佛！

我們皈依的最終目的是希望自己能夠成佛，也能夠廣渡眾生，生也能夠成佛。如果能夠往生極樂世的話，豈不是能夠圓滿我們的皈依呢？所以最重要的，希望大家就是要天天唸佛，常常唸佛！

已皈依的人，如果不能每一天常常唸佛，但至少每一天要唸一遍三皈依，也就是我們單子上寫的。如果能常常唸佛的話，那就保持一向唸佛就可以了。因為我們一向唸佛，目的也是為了往生極樂世界，徹底的解脫生輪迴，這一種依，這一種行止，就已經是真正的皈依了，為什麼？我們皈依的人，剛剛所講的，要先相信有善惡報應、三世因果、六道輪迴，既然有三世因果、六道輪迴，那我們如果不假借這個人來身來脫離六道生死輪迴的話，那豈不是太愚癡了嗎？反過來講，豈不是於佛的教理，基本教理不看嗎？所以發願往生面樂世界而一向唸佛，就是真正的皈依三寶了。

佛教皈依儀軌探微

洪錦淳
國立臺中科技大學通識教育中心助理教授

皈依儀式之於信徒，既是進入此一宗教修行的入門卷，也是身分認同的證明。其儀式的重要性，不僅在信徒本身彰顯，同時也是該宗教教派社會實力的明證。本論文旨在從佛教經典探究佛教皈依儀軌在現代社會演化的原因，並探討信眾如何透過皈依儀式的參與轉而成為真正的信徒。論文凡分五段：一者前言，論皈依儀式的宗教性意義。其次釋義，論佛教皈依三寶的意義。第三佛教探究皈依儀軌在當代社會演化的軌跡。第四細究佛教皈依儀軌演化的經典依據及社會背景。第五綜論佛教皈依深義如何在日常生活中彰顯，以貫徹其教義。

關鍵詞：佛教、皈依（皈依）、皈依儀軌、三寶（佛、法、僧）

說明：歸依、皈依同義，引文一律用原始文字，行文則採皈依。

一、前言

儘管佛教根本教義與其他一神論宗教大異其趣，頗不願被歸屬於「宗教」行列，然而佛教幾世紀以來，為弘揚佛陀自覺之道，所發展的規模、架構，符合一般宗教社會學所論的宗教構成要素，俱足：宗教信仰、宗教儀式、宗教經驗、宗教群體與組織四項。（註1）同時，其信仰者也透過其所教諭的宇宙人生認知體系，形塑了他們的世界圖像；佛教的經典、義理為佛教徒提供現實人生的指南及宇宙觀，並表達佛教對政治、文化、經濟等等人世制度的理解及其因應的態度，進而影響佛教徒與社會秩序的關係。就此而言，佛教一如其他所有宗教，在某些層面上也肩負起對世界認識、補償、慰藉或調節思想行為、整合群體等等功能。（註2）因此就源於西方學術體系的研究而論，在做為觀察與討論對象的佛教必歸屬於宗教研究範疇，因此將佛教類比於其他宗教的成分、要素，研究其各個面向的異同，以便獲得相對貼近真實情境的結果，是具有效度的研究。

在上述四項構成宗教的要素之中，最為外顯的便是「宗教儀式」。宗教儀式繁多，必須且至為重要的，便是做為判定其是否為其宗教信徒的「入教儀式」。從宗教學角度而言，凡是傳統、正規的宗教，所謂的「信徒」，一定有其特有的入教儀式，及其在日常中實踐其宗教信仰的儀式。個體經由入教儀式，成為所謂的信徒，對個體而言，是個體自我生命覺醒的一個關鍵時刻；成為教徒，意味著他的生命是種新生的狀態。無論這樣的感受是否能持續到永遠，一個人在他決意皈依（conversion）某個宗教的剎那，他的確是領受異於從前的神聖性。美國哲學家威廉・詹姆斯（William James）（1842～1910），以為：

> 皈依、再生、蒙恩典、體驗宗教、得著確信，所有這些詞語，都表示一個過程，或漸進，或突發，表明一向分裂的自我，自覺卑劣和不幸，由於牢牢把握了宗教的實在，最終獲得統一，並自覺高尚與幸福。（註3）

詹姆斯描述皈依的終極、神聖性，以為皈依是生命體從分裂趨向統一狀態的過程，是個

註1：孫尚揚，《宗教社會學・社會學視野中的宗教儀式定義與本質》，（北京：北京大學出版社，2001.01），頁40～48。

註2：依・凡・亞布洛柯夫著《宗教社會學》，王孝雲、王學富譯，（臺北：水牛出版社，1992），頁113～114。

註3：〔美〕威廉・詹姆斯（William James）著，《宗教經驗種種》《The Varieties of Religious Experience》，尚新建譯，（北京：華夏出版社，2005.03），頁115。

體生命的重要轉捩點，也是種自我生命覺醒的歷程，從另一角度言，是由世俗進入神聖領域的關鍵；不論是哪一宗教，對皈依者而言，都具有此種意義的存在。詹姆斯的研究，雖不是指涉一個宗教性的皈依儀式，是指稱著對宗教的感動而言，但是就生命狀態實情而言，個體願意接納宗教儀式性的皈依時，也必然是此宗教對他個人有著清楚明確的內在感動，因而願意皈依。當然，皈依之後，做一個教徒，若要延續其皈依時的神聖性，他在日常生活一定要有實踐其宗教信仰的功課，否則其感動將趨於淡薄，甚至遠離，乃至背棄。本土宗教學者林本炫根據多年研究，以為皈依對個體是極重要的轉變過程，是一種意義與認同的整合，或者是對過去內在生命的危機加以統整過程。（註4）此與詹姆斯的見解相仿。

皈依儀式之於信徒，既是進入此一宗教修行的入門卷，也是身分認同的證明。其儀式的重要性，不僅在信徒本身彰顯，同時也是該宗教教派社會實力的明證。凡是欲令其信眾走向該教派所期望的修行路向，無不重視其皈依儀式的舉辦，且積極鼓動一般信眾，透過儀式的參與轉而成為真正的信徒。在此一面向上，各宗教、各教派皆是如此，佛教當然無法自外。

佛教教派粗分或有大小乘之別，或有顯密之異，進入各教派之後的修行次第，有共法也有不共法，但是成為所謂的佛教信徒，則是大小無別、顯密不異的「皈依（梵語 sarana）三寶」儀式的接納與參與，唯其受三皈依，而後可稱為「佛弟子」，方是佛教的信徒。（註5）

二、釋義

所謂皈依三寶，意指：皈依佛、法、僧三者。或稱三自歸，梵語 tri-carana-gamana，巴利語 ti-saranagamana。又作三皈依、三歸、三自歸、三歸戒、趣三皈依。皈依的梵語含有救濟、救護、趣向的意義。三皈依即歸投、依靠三寶，並請三寶救護，那麼三寶的功德威力，能加持、攝導皈依者，使皈依者止息無邊生死苦輪的大怖畏，而解脫一切苦，得到終極安樂。皈依三寶，三寶即指佛、法、僧三者：佛（梵語 Buddha）是佛陀音譯的簡稱，義譯為覺者，言佛陀乃是自證宇宙、人生真相的覺者；且佛陀將其自證的真理，慈悲地教導眾生，使令眾生與其同證宇宙人生之真理；如此，自覺覺他圓滿者，即是佛。法（梵語 Dharma）音譯達摩，義譯為法，指佛所覺悟的真理以及覺悟真理的方法。佛覺悟所說出來的真理，即稱之法寶。僧（梵語 Sainklesa）是音譯僧伽的簡稱，義譯為和合眾，受俱足戒的比丘，三人以上，稱為僧；僧為傳佛法之師，因此稱之為寶。

皈依的重要性，首在於身分的認同。從教義言，皈依三寶，方為佛弟子。在《別譯雜阿

註4：林本炫，〈社會網路在個人宗教信仰變遷中的作用〉，（《思與言》，37：2）（177），頁173～208。

註5：佛光山電子大藏經委員會編修，《佛光大辭典》，（高雄：佛光山文化業有限公司 2000.07 出版佛光山電子大藏經委員會編修），頁688。

含經》卷8有段釋摩男的故實，釋摩男對自己的身分起了疑義，親至佛所居之處，恭敬頂禮佛陀，啟請佛陀開示所謂「優婆塞」意指什麼？佛陀說：「在家白衣，皈依三寶，以是義故名優婆塞，汝即其人。」（註6）肯定釋摩男是佛弟子的身分，而後再為釋摩男闡釋如何就此生信心，受持戒法。又如《四教義》卷4所言：「若人歸依三寶受佛戒法，名佛四眾弟子。」（註7）所謂四眾即指出家比丘、比丘尼二眾，在家優婆塞、優婆夷二眾；相對於出家二眾的出家服裝是「緇衣」，在家二眾則稱為「白衣」。上兩段經文都是透過「皈依三寶」儀式的受持，以做為佛教徒身分認同的明證。

其次，佛經以為「皈依三寶」是修行的安全樞紐。如《四分戒本如釋》卷4則說：「優婆塞者，此云近事男，謂皈依三寶，受持五戒，堪能親近承事比丘故。」（註8）說明若對佛陀教義產生信心，要真實進入覺悟的修行，一定要受戒；受戒之前，則應先皈依。因為修行得有老師指導，親近比丘，以比丘為師，方能精進學佛。又，學佛也應受戒，令心行清淨，但在受戒之前，仍應先受三歸，如《優婆塞戒經．五戒品》中論戒之分類，以為戒分為：世戒、第一義戒，倘若不依於三寶而受戒，則僅僅是世戒，則其戒不夠堅固，猶如繪畫彩色卻無膠調和，因此要先皈依三寶然後才受持其他戒法。（註9）至於，進一步修持其他法門，仍是以皈依三寶做為進入修行的門徑，如《密咒圓因往生集》卷1有：「夫欲誦持陀羅尼神呪者，先須皈依三寶，發大菩提心已，然後依法持唸真言。」（註10）三自歸的重要性，無論是成為佛弟子，或是進入學佛的門徑，在最原始經典中都可以找到根據。（註11）

至於，皈依的儀式究竟為何，在原始經典中同樣有資憑藉，如《雜阿含經》卷1述及長者子輸屢，在聽聞舍利弗說《雜阿含經》後，得法眼淨，因此見法得法，於正法中，得無所畏，心生歡喜，所以從座位上起身，偏袒右肩，對舍利弗胡跪合掌，而說：「我今已度，我從今日皈依佛、皈依法、皈依僧，為優婆塞。我從今日已，盡壽命，清淨皈依三寶。」（註12）即演示最基本的皈依法節。唐朝道宣（596～667）律師在《四分律刪繁補闕行事鈔》中，也據經典存錄簡要的皈依法節，其皈依儀軌，僅僅只要皈依者從皈依證明師說：「我某甲盡形壽皈依佛、皈依法、皈依僧（三說）。」即是已完成皈依，道宣律師以為如此即發善法。因此，

註6：秦錄・失譯人，《大正新脩大藏經・別譯雜阿含經》，（CBETA, T02, no. 100），頁431。

註7：隋・釋智顗，《大正新脩大藏經・四教義》，（CBETA, T46, no. 1929），頁733。

註8：明・釋弘贊，《卍新纂續藏經・四分戒本如釋》，（CBETA, X40, no. 717），頁229。

註9：北朝北涼・曇無讖，《大正新脩大藏經・優婆塞戒經・五戒品》(CBETA, T24, no. 1488)，頁1063

註10：唐・釋智廣，《大正新脩大藏經・密咒圓因往生集》，（CBETA, T46, no. 1956），頁1007。

註11：明・釋智旭，《卍新纂續藏經・在家律要廣集》，（CBETA, X60, no. 1123,）頁449。

註12：南朝宋・求那跋陀羅譯，《卍新纂續藏經・雜阿含經》，（CBETA, T02, no. 99），頁6。

接著做三結，而說：「我某甲盡形壽皈依佛竟、皈依法竟、皈依僧竟（三說）。」（註13）如此，即是圓滿完成佛教皈依三寶的儀式。明朝蕅益智旭（1599～1655）也以為如此簡要的儀軌，即是完善的皈依儀式。在其《在家律要廣集》卷1所附錄的〈優婆塞受三歸五戒法〉中更為簡要，僅僅說：「我某甲，盡形壽皈依佛、皈依法、皈依僧（三說）。我某甲，盡形壽皈依佛竟，皈依法竟，皈依僧竟（三說）。」「三說」即是三次宣說的意思，透過再三宣說以加強心識中的印象，即是皈依三寶的完整儀式。如此，成為後世根據佛旨而有的最簡略的皈依儀軌。

皈依三寶從外相言，有可操持的儀式，就實質言，是皈依者是否真實領受皈依的戒體，從此以後，以三寶為師，遵循三寶所言、所教、所示修行，永不退失道心、道行。對真實修行期望了生死者言，皈依三寶是不可或缺的入教門檻、修行保全，透過儀式的展演，身心領納成為佛弟子的真實性，理解皈依三寶不是一時的崇拜，而是盡其一生的信仰與修行，而後以生命實踐佛陀的教化。此是皈依儀式的意義與價值。

三、皈依儀軌在當代的演化

佛教各教派所行的皈依儀式大同小異，大同植基於教理依據乃是同根，小異究因於教派所處環境有別，所對大眾有異。根據如本法師所述：自明朝末年，南京寶華山見月律師，比照菩薩戒乃至俱足戒傳授儀則編《三歸五戒正範》以來，（註14）因為其書義理圓融，後世法師大德多數依此而做三皈儀節。其《三歸五戒正範》略分為八項行法：

敷座請師——由受皈依者為師敷設法座，列供香花、燈燭整齊，再去禮請皈依師陞座。

開導——開示三皈依的意義。

請聖——迎請十方三寶，證明三歸，以及護法龍天，監壇護戒。

懺悔——懺悔往昔業障，以求身、口、意三業的清淨，然後納受無雜無染的三皈依戒體。

受歸——三歸三結，並發三誓：不依天魔外道，不依外道典籍，不依外道邪眾。

發願——發四弘誓願：眾生無邊誓願渡，煩惱無盡誓願斷，法門無量誓願學，佛道無上誓願成。

顯益勸囑——說明三皈依的功德殊勝，並咐囑依教奉行。

註13：唐．釋道宣，《卍新纂續藏經．四分律刪繁補闕行事鈔》卷3，(CBETA, T40, no. 1804)，頁139。

註14：清．釋書玉，《卍新纂續藏經．毗尼日用切要香乳記》卷1，(CBETA, X60, no. 1116)，頁167。本書在見月律師《毗尼日用切要》的註解本，附有見月讀體律師的傳記，記中錄見月律師著作，其作是《三歸五八戒正範》，非《三歸五戒正範》。

迴向——將受此三皈依的功德，迴向成就佛道，迴向渡化一切沉溺的眾生，速脫生死，早登佛土。（註15）

後世依據《三歸五八戒正範》增減其儀節，各有其依據的學理、環境因素。臺灣終戰後最早移植漢傳佛教所建立的社團——臺中佛教蓮社，對法的傳承有所堅持，該團體對於信徒的皈依典禮，訂定完整的儀軌。目前臺中佛教蓮社所行的《皈依儀軌》，乃由現任圓通寺、正覺精舍住持的果清法師依據南山律所修訂。（註16）其儀軌將皈依儀式概分為十二項行法，除法師與皈依信眾個別、一起的唱誦、宣誓之語外，另外在各行法之下，則有小字的夾註，以指示在該儀節進行之時，什麼人該做什麼事；其目的是期望儀式進行時，大眾行禮能整齊劃一，不需他人以言語或手勢指揮，減少干擾，以維護儀式的莊嚴性。其十二項行法如下：

迎請三歸本師——大眾禮佛，由引禮師領迎請弟子執香迎請三歸本師。

香讚——唱誦爐香讚。

請師——眾弟子頂禮授三歸本師三拜。

開示——恭請三歸本師為眾弟子開示。

請聖——迎請十方三寶證明，並請護法龍天護法。

懺悔——懺悔往昔業障，以求三業清淨，可以納受清淨無染的三歸戒體。

受歸——即三皈依：皈依佛、皈依法、皈依僧。

三結——三結，並發三誓：不依天魔外道、外道典籍、外道邪眾。

發願——發四弘誓願。

唸佛——大眾至誠唸佛，請三歸本師，為大眾遍灑甘露淨水。

示益——三歸本師引經證明皈依種種功德利益。

迴向——將皈依功德，迴向自他究竟成就佛道。

仔細比對臺中佛教蓮社通行的《皈依儀軌》，與明朝見月讀體的《三歸五八戒正範》，發現二者僅有開合的差異，其儀節之次第，則是一致的。

《三歸五八戒正範》省略一般法會開始的「香讚」，並非認為「香讚」不必要，而是在作者以為「香讚」本來就是各法會、儀軌的必備要節，不必特地標示出其為一獨立儀節。至

註15：釋如本，《歸依三寶》，破折號之後文字，為如本法師根據儀軌說明儀式操作、作用。

註16：釋果清編，《歸依儀軌》（臺中：青蓮出版社，2007.04.08）凡8頁。果清法師（1947～　）今住錫南投淨律寺、任圓通寺、正覺精舍住持、佛教僧伽醫護基金會副董事長，以持戒精嚴、專修淨土而名著於佛教界，時有青年僧眾好樂從其學。

於《皈依儀軌》較《三歸五八戒正範》多出來的「請師」儀節，應該也是在同樣的思考理路下所做的安排。此外，《皈依儀軌》多出來的「三結」儀節，在《三歸五八戒正範》中則合併於「三歸」儀節之中，將「三歸」儀節到「三結」儀節視為一個完整的儀節，所以不再細分。至於《皈依儀軌》多出「唸佛」的儀節，與臺中佛教蓮社強調其為淨土唸佛道場大有關係。信眾在皈依、發願之後「灑淨水」的儀節，究竟要稱唸哪尊佛、菩薩最恰當？參禪者或以為該唸本師釋迦牟尼佛，其他觀音菩薩道場則或要誦唸觀音聖號；至於修淨土唸佛法門的臺中佛教蓮社，當然以稱唸阿彌陀佛聖號最能彰顯其所修法們，所以要特別標示出「唸佛」為一獨立的儀節。而後在其行法之下說明：「大眾至誠唸佛，恭請三歸本師，為大眾徧灑甘露淨水。」倘若以儀節的獨立性而言，為皈依大眾「灑淨水」應是正在進行狀態的儀節，其稱唸佛號，除唸佛諸多功德外，在此儀節的功用，則是以一句聖號繫住皈依大眾的心念，令其專注於淨境，領受甘露的法味。臺中蓮社於皈依儀式的此儀節，時間長短不定，因為授皈依本師都會慈悲地為所有皈依大眾灑淨，令與會大眾滿願，心生歡喜，好樂佛法，所以皈依者眾則時間長；反之，則時間短，全視人數多寡調整時間。

透過上述簡要比較，推知《三歸五八戒正範》的八項行法，已是完善的皈依儀軌，因此在其成書之後，成為大眾遵循的法本依據。各寺廟在其常態下的皈依儀式當然以《三歸五八戒正範》為本，完備八項行法。然而在特殊情境下，各寺廟則會採取減省幾個儀節，保留最重要的儀節，以利儀式流暢進行。例如水里懺雲法師（1915～2009）的蓮因寺，平素下午不許女眾停留，一到假日，則十方信眾會聚滿庭，來者皆崇敬懺雲師父，遠到來聽聞師父一言一語者頗多，聞法而隨緣皈依的所在多有，大眾無法一一報名，便隨其所在的處所：或殿上、或殿外，跟著引領法師的號令、儀節操作，舉辦最簡單的皈依儀式，其儀式甚至簡化到：唸佛、懺悔、受歸、發願、迴向幾個儀節而已。至於皈依後應有的法名，則是以最簡單原則命名：在「淨」字下，加上自己名字的末字即是。

此外，臺灣近二十幾年來，各大山頭盛行朝山的活動。各大山頭各自取其所崇信的佛菩薩聖誕、得道日做為朝山的良辰吉日，此朝山活動，於信眾既是信仰與修行，也是運動與郊遊。於寺廟，則是藉機會聚信眾，凝聚信眾的向心力；同時，為兼具教化的功用，各寺廟多半利用此機會，鼓勵朝山者，隨緣皈依。其皈依儀軌，同樣也簡化為：（香讚）、懺悔、受歸、發願、迴向幾個要項，讓信眾隨引領師唱誦，就地跪拜、皈依。部分第一次皈依者，則到寺中登錄皈依者的資料，而後由法師予以法名。上述狀況，都是因應時代環境而產生皈依儀軌的簡版。大部分在此情況下皈依的信眾，究其心理，只是隨順外境而來的皈依，鮮少經過深思熟慮再行皈依的。儘管如此，在此一儀式之後，名義上也已經是佛教徒了。

歸依儀式因應環境，以簡化儀軌的方式進行，以便利來者在簡短的時間成為教徒，並非現今臺灣各大山頭朝山運動所獨有的。在民國52（1963）年，香港移民社會中，早有此因應環境變化而有的簡版儀軌。香港道慈佛社九龍學校特為畢業生舉辦歸依儀式，也是簡版的歸依儀軌，作者以為皈依乃是以三寶為師，成為佛弟子，是改惡向善、棄暗投明的初階，因此得用「皈依」，不用「歸」字。其儀式簡化為四個儀節：

皈前懺悔：透過懺悔，以清淨身心，方能皈依。

正式皈依：即是三皈三結。

皈後發願：積極發四弘誓願。

唸佛迴向：作者火頭僧以為唸本師釋迦牟尼佛為主，因為皈依乃皈依本師。（註17）

作者火頭僧以為此四個儀節，即是完整的皈依儀軌，是為變通之儀軌。

此外，也有為安寧病房病患設計的皈依儀軌，其儀式在患者同意之下舉行，考慮病患的體力、時效性，旨在使「參與者藉儀禮的莊嚴氣氛萌生皈依戒體的內在力量」（註18）因此儀式簡單隆重為主，其皈依程序也簡化為：

請聖：引導參與者迎請十方三寶證明受皈依，護法龍天監壇護戒。

懺悔：引導參與者於佛前合掌，虔誠懺悔往昔所有業障，以求身、口、意的三業清淨之後，納受三皈戒體。

皈依三寶：囑咐參與者虔誠發心以得戒體，引導參與者唸皈依儀文。

發願：確立皈依後的新方向，藉以長養菩提心。

顯益勸囑：向參與者說明皈依功德的殊勝，並囑依教奉行。

迴向：引導參與者將皈依功德迴向給一切沈溺的眾生，速脫生死，早生佛土。（註19）

與見月讀體《三歸五八戒正範》的皈依儀軌相較，此儀軌也已具足該有的儀節。其所省略的「敷座請師」儀節，乃是考慮病患的體能、行動力，由他人替代之。或由其照顧者，或由其勸導者，於儀式之前準備、迎請。至於「開導」儀節，則也是在其照顧者、勸導者勸導其接受皈依儀式之前，已然內在充足，亦即，在此儀式開展之前，由於病患對生死的恐懼，勸導者在適當的時機，已告知病患皈依的意義、利益，令其脫離生死恐懼，對佛法生起信心，因而請求皈依，所以不在此重複納入儀節之中。

註17：火頭僧，〈釋「皈依」簡儀〉，（《香港佛教》52，民53.09），頁6～8。
註18：釋慧哲，〈歸依法門〉，（臺北：佛教蓮花基金會《生命雙月刊》，2005.01），頁115。
註19：釋慧哲，〈歸依法門〉，頁116。

四、皈依儀軌演化的背景

皈依儀式的演化，所以有簡繁之別，可以分從經典、現實兩路，釐清所以。

首先自佛經尋皈依儀軌的根源。漢傳佛教大乘八宗：禪、淨、密、律、天臺、華嚴、法相、三論，各宗派自有其修行的義理根據與實際修行法門，各宗派在歷史流轉中，多次的消長、變化、融合，其流行至為廣泛，甚至為各宗派的修行共法是懺悔法門。懺悔法門從個人懺悔的修行，演化為普渡的法門，各有各的懺悔儀軌，其中懺悔、皈依、發願、迴向四個儀節反覆在各類懺悔儀軌中張演，其重要性不言而喻。透過懺悔法門的觀察，則可以理解此四儀節成為皈依儀式最基礎儀節的緣由。

最早的懺悔法門可以推自南齊竟陵王蕭子良（460～494）的《淨住子淨行法》，其儀軌凡分三十一門：皇覺辨德、開物歸信、滌除三業、修理六根、生老病死、克責身心、檢覆三業、呵詰四大、出家順善、在家從惡、沉冥地獄、出家懷道、在家懷善、三界內苦、出三界外樂、斷絕疑惑、十種慚愧、極大慚愧、善友勸獎戒法攝生、畢故止新、大忍惡對、緣境無礙、一志努力、禮舍利塔、敬重正法、奉養僧田、常敬三寶、勸請增進、隨喜萬善、迴向佛道、發願莊嚴。（註20）其第四的「修理六根門」乃就著眼、耳、鼻、舌、身、意六根一一懺悔，即是後世的「六根懺悔」。其第二十八至三十一的「勸請僧進、隨喜萬善、迴向佛道、發願莊嚴」諸門，則是五悔法門懺儀的雛形。宋朝慈雲遵式（964～1032）所集《金光明懺法補助儀》，則將此《淨住子淨行法》的儀軌開合為十科：「第一嚴淨道場方法，第二清淨三業方法，第三香華供養方法，第四召請誦咒方法，第五讚嘆述意方法，第六稱三寶及散灑方法，第七禮敬三寶方法，第八者修行五悔方法，第明旋遶自歸方法歸，第十唱誦金光明方法典。」（註21）即是將五悔列為十科修行法之一。遵式被稱為慈雲懺主，一生修懺無數，其將五悔明列為《金光明懺法補助儀》行法之一，後世的懺悔儀軌也多從之。《寶王三昧唸佛直指》卷2：「修行五悔，旋繞歸依。」（註22）說明修行五悔及其前後儀節的關係。《大日經義釋演密鈔》卷10有：「二者次應增益守護清淨之行，即是常脩五悔。每日三時，如瑜伽法，禮敬諸佛、說悔眾罪、捨身奉施、發菩提心、隨喜、勸請乃至迴向。」（註23）則是細說五悔之法應該每日三時行持，足見其重要性。

懺悔儀軌發展最為豐富的天臺宗宗師以為凡是修行，由起初的五品位，乃至最後的正等正覺，位位都應該勤修此五悔——懺悔、勸請、隨喜、迴向、發願（註24）——的方便法門，

註20：唐．釋道宣，《大正新脩大藏經．廣弘明集》，（CBETA,T50, no.2103），頁 306a～321b。
註21：宋．釋遵式，《大正新脩大藏經．金光明懺法補助儀》，（CBETA,T46 no. 1945），頁 959a～961b。
註22：明．釋智旭，《大正新脩大藏經．寶王三昧念佛直指》，（CBETA, T47, no. 1974），頁 369 b。
註23：北魏．覺苑，《卍新纂續藏經．大盧毗遮那成佛神變加持經義釋演密鈔》，（CBETA, X23, no. 439），頁 656 b。
註24：宋．釋延壽，《大正新脩大藏經．宗鏡錄》，（CBETA,T48 no. 2016），頁 896a。

用以助開觀門。此懺悔等五者何以稱之為五悔？《大乘起信論裂網疏》卷6有「而懺悔已下五事，合為一科，總名五悔。謂懺悔能滅業障，勸請能滅魔障，隨喜滅嫉妬障，迴向能滅著二邊障，發願能滅多退忘障。故名五悔也。」（註25）說明五者各有其功用：因為至誠懇切懺悔，所以能消除億萬劫生死重罪；因為勸請諸佛菩薩，憫念眾生，住世救渡眾生，因此能滅除毀謗的魔障；隨喜自己、佛陀、眾生一切善事，所以滅除嫉妬的障礙；因為將所行一切善功德皆迴向眾生、迴向菩提，所以迴向可以滅除修行落入二邊的障礙；最後發願，懺悔清淨，則應立定志向，發起生生世世度化眾生的大願，所以能夠破除退失菩提心的障礙。（註26）五者以五悔行法開首的「懺悔」為名，將此五者總名為五悔。不僅顯教重視五悔，密教也不例外。密宗之金剛界之懺悔是為五悔：至心歸命、至心懺悔、至心隨喜、至心勸請、至心迴向。（註27）而胎藏界之懺悔法為九方便：作禮方便、出罪方便、皈依方便、施身方便、發菩提心方便、隨喜方便、勸請方便、奉請法身方便、迴向方便。（註28）所謂九方便修行法門，仍有五悔的蹤跡，密宗的懺悔法門，金剛界、胎藏界兩者重疊之處即是在五悔。宋朝講授《圓覺經》的智聰法師則以「灰皂」譬喻五悔；以為修行五悔，猶如以皂滌身，只要再以淨水浣濯，則一切罪障自然消除，因此凡是修行天臺懺法如法華等懺，必然有此五悔法。（註29）細察歷代懺悔法門，無論是天臺家的懺法，或是其他各宗的懺法，或是集大成的懺法，都有五悔的蹤跡，如《瑜伽集要燄口施食儀》、《觀世音菩薩如意摩尼輪陀羅尼念誦法》、《金光明懺法補助儀》、《往生淨土懺願儀》、《華嚴普賢行願修證儀》、《圓覺經道場略本修證儀》、《占察善惡業報經行法》、《得遇龍華修證懺儀》、《准提三昧行法》、《禮佛儀式》、《法界聖凡水陸大齋法輪寶懺》等等，（註30）皆直接述明行五悔之法，其他雖不總名五悔，而分別一一行持懺悔、隨喜、迴向、發願等法的懺悔法門更是不可計數。

綜上顯密二教的修行法門，五悔法門確實是從初發心至等覺地，都應時時以之為方便的法門。如是，關係成為佛教徒與否的皈依儀軌，其儀節的取材，則脫胎自修行基礎的五悔法門，以五悔法門做為基準。又，林仁昱研究佛教三歸依歌曲時，發現三歸依歌曲經常緊隨在

註25：明・釋智旭，《大正新脩大藏經・大乘起信論裂網疏》卷6，(CBETA, T44, no. 1850），頁458。

註26：宋・高麗諦觀，《大正新脩大藏經・天臺四教儀》(CBETA, T46, no. 1931)頁779 a。

註27：唐・釋不空譯，《大正新脩大藏經・金剛頂經金剛界大道場毘盧遮那如來自受用身內證智眷屬法身異名佛最上乘祕密三摩地禮懺文》，（CBETA,T18, no. 878 ），頁335c～337a。

註28：唐・不空譯，《大正新脩大藏經・大日經持誦次第儀軌》卷1，(CBETA, T18 no. 860)，頁181b-188a。

註29：宋・釋智聰，《卍新纂續藏經・大方廣圓覺脩多羅了義經夾頌集解講義》，(CBETA, X10, no. 253），頁369 b。

註30：唐・釋不空譯，《嘉興大藏經（新文豐版）・瑜伽集要燄口施食儀》(CBETA, J19, no. B047)、唐・寶思惟，《大正新脩大藏經・觀世音菩薩如意摩尼輪陀羅尼唸誦法》(CBETA, T20, no. 1084)、宋・釋遵式，《大正新脩大藏經・金光明懺法補助儀》(CBETA, T46, no. 1945)、宋・釋遵式，《大正新脩大藏經・往生淨土懺願儀》(CBETA, T47, no. 1984)、宋・釋淨源，《華嚴普賢行願修證儀》(CBETA, X74, no. 1473)、宋・釋淨源，《卍新纂續藏經・圓覺經道場略本修證儀》(CBETA, X74, no. 1476)、明・釋智旭，《卍新纂續藏經・占察善惡業報經行法》(CBETA, X74, no. 1485)、明釋如惺，《卍新纂續藏經・得遇龍華修證懺儀》(CBETA, X74, no. 1488)、清・釋受登，《卍新纂續藏經・准提三昧行法》(CBETA, X74, no. 1481）、清・釋弘贊，《卍新纂續藏經・禮佛儀式》(CBETA, X74, no. 1492)、清・釋咫觀，《卍新纂續藏經・法界聖凡水陸大齋法輪寶懺》(CBETA, X74, no. 1499)。

五悔法之後，而許多懺悔法門往往以五悔為核心，且不只出現一次。（註31）從三歸依歌曲的張演，也可尋得皈依儀式以五悔為基準的軌跡。

至此，可以進一步從經典尋繹皈依儀式詳簡的緣由。其最簡約的儀軌具「懺悔、皈依、發願、迴向」四門即可，《楞嚴經疏解蒙鈔》卷7即說：「五悔之法，依《離垢慧所問佛法經》，總有八重：一供養佛、二讚佛德、三禮佛，餘即五悔。若依善戒經，但有二事，謂懺悔、迴向。皆隨時廣略。」（註32）「隨時廣略」說明度化眾生為了方便解說大法，以因應眾生根基，則五悔、十願有廣說、略說是法門開、合的差異。其所論的修行法都是旨在懺除業障，因此最簡單的儀式則僅是以「懺悔、迴向」二門的方式存在即可；再將此二門與「皈依」儀節連結，並擺置在大乘佛教的環境中，則產生「懺悔、皈依、發願、迴向」四門的儀軌。至於最詳細的十二門儀軌，則能自《華嚴唸佛三昧論》所述普賢時大願王：「一者禮敬諸佛。二者稱讚如來。三者廣修供養。四者懺悔業障。五者隨喜功德。六者請轉法輪。七者請佛住世。八者常隨佛學。九者恒順眾生。十者普皆迴向。」（註33）中，訪得五悔蹤跡，及其成為詳細皈依儀軌的憑藉。如是，則知皈依儀軌不論詳略，都各有所根據。

其次，就現實社會情境觀察皈依儀軌的運用。於此，應當理解皈依儀式的廣狹繁簡，全然都是該教團的社會文化現象，都可自其教團發展的軌跡中，探查其根源。當知任一儀式的張演，無非是該教團團體成員的共同記憶的儲存與再現；該教團透過此儀式的張演，傳述其教團所欲呈現的文化內涵，同時反應其歷史文化的沈澱。民國54（1965）年，署名志明的作者依據妙禪老和尚（1886～1965）的稿本，編修《皈依儀式》，文中他述及當時所見一般禪門的《皈依儀式》舊本詞深語繁，造成一般信眾無法理解，然而一般寺廟的皈依儀式又嫌過分草率、過分簡略，因此而有了編修之舉，期望藉供採酌參考，以一新風氣。（註34）其說明，足以證明儀式的張演者，在挑選儀式時，不論詳簡，必然有其時空背景、文化因素。若儀式不符合其所認知的儀式美感，則會加以修正，以期透過儀式的完整性或者便利性達成其所期望的宗教功能。

譬如做為一個純粹居士教體的臺中佛教蓮社，何以採用相對詳密嚴整的皈依儀式？此從其歷史淵源，可以查知所以。臺中佛教蓮社的導師為李炳南居士（1890～1986），李炳南居士乃是淨土十三代祖師印光法師（1861～1940）的弟子。印光法師對法的堅持、嚴肅，自李炳南居士傳於臺中佛教蓮社的居士教團。關於成為佛教徒的皈依儀式，印光法師曾說：

註31：林仁昱，〈「三歸依」歌曲之初步整合探究〉，（《普門學報》5，90.09），195～246。
註32：明．錢謙益，《卍新纂續藏經．楞嚴經疏解蒙鈔》卷7，（CBETA, X13, no. 287），頁707 b。
註33：清．彭際清，《卍新纂續藏經．華嚴念佛三昧論》卷1，（CBETA, X58, no. 1030），頁716c。
註34：志明，〈授居家二眾皈依儀式〉，（《新覺生》3：2，民54.02），20-21。其儀式之儀節有十：起讚、請師、開示、迎請、懺悔、皈依、發願、賜名、禮謝、迴向。

「皈依之名甚易得，皈依之實極難修。」（註35）也曾因為某某居士態度的輕忽，而不願意收其為皈依弟子，其書信中甚至以為當代最卑微的職業，如剃頭修腳者，在拜師之時，尚須行三拜九叩之禮，何況佛法為度眾出離生死大法，卻不肯自屈，因而拒絕收其為皈依弟子。（註36）後來因為居士再次來信懇求，方接受其為皈依弟子。（註37）印光法師不輕易收皈依弟子，即是看重弟子能否真實發心修學佛法；印光法師期望他個人發殷重心再來求授歸，爾後才能感受法利，真實修行。臺中佛教蓮社，在此風氣影響之下，也特別重視皈依儀式的整齊、莊嚴，因而採取相對詳密的皈依儀式。必定要其信徒先行登錄，慎重予以皈依法名，而後始能參與皈依儀式。近年又禮請果清法師依據南山律重新編修《皈依儀軌》，其慎重可想而知。由於慎重，皈依者往往報名踴躍，該社團從不向外發佈新聞，僅在講經筵席、網路掛消息，即獲得熱烈迴響。

至於臺灣當代佛教各大寺廟，所處之地，多山水明淨、風光秀麗，在現代佛教與觀光休閒結合之下，是先以結善緣的方式廣渡眾生，使令進入佛門，日後再善巧教化其做為佛教徒該有的行持，所以往往隨順其朝山大眾的方便，而有了簡單的皈依儀式。其簡單儀式之中，在場教授三歸的僧尼，也是殷勤慎重地教誡在場皈依者，應如何懺悔、如何發心修行、如何迴向等等。除此結緣式的皈依儀式之外，各大寺廟在特定節日，也有莊嚴完整儀軌的皈依典禮，令其信徒，也能有一完整慎重的儀式參與。其兩者並行，各自度化不同的心性的信徒。其他在特殊情境下，為特定對象舉行的皈依儀式，也各有不同的社會文化背景。考察臺灣當代皈依儀式的繁簡差異，更清楚理解各教團歷史文化的積澱。

皈依三寶儀式無論詳簡，若能將懺悔、皈依、發願、迴向幾個重要儀節賅含在內，即是符合經義的皈依儀軌，其儀式的完整性已然充足。皈依儀軌的儀節若詳密，固然顯得儀式隆重莊嚴，但是其儀式簡約，只要得宜，也不失其莊嚴性。至於皈依，「不僅僅是一種理論或說法，從根本上說它是修行者的一種實踐。」（註38）因此，儀式之後，是否能讓皈依者真實反省生命，而後奮力朝解脫之道行持，則賴信徒往後自身的覺察力。

五、結語

誠如釋覺靖的一個兼具宗教師身分的研究者，研究皈依的實況，其實是流動變化的過程，皈依儀式之後，其「身心行為與信仰層次的轉變或轉化，是需要經過時間的洗煉」，其轉化

註35：釋印光，《印光法師文鈔三編．復卓智立居士書一》卷1，（臺中：青蓮出版社，1996.06），頁278。
註36：釋印光，《印光法師文鈔三編．覆羅省吾居士書一》卷1，頁104。
註37：釋印光，《印光法師文鈔三編．覆羅省吾居士書二》卷1，頁105。其實這位羅居士仍舊不能明瞭印光法師的堅持，在行文時，仍犯舊規。
註38：馮煥珍，〈淺論六祖的無相三歸依思想〉，（《普門學報》33，95.05），51～67（61）。

程度的深淺，與其投入團體、修行的深淺度相關，（註39）皈依之後的修行心態與狀態是聖賢所關注的。

佛教聖賢深切體認凡夫好逸惡勞、善忘，不能精進修行的弱點，因此期望弟子理解三皈依是佛教徒終生的行持，而非是一時的熱鬧、熱情，應時時在其日常修行中張演，提醒做為佛之弟子，應該時時發菩提心，志在了生死。譬如流傳至為廣泛的迴向文，其最後的「十方三世一切佛，一切菩薩摩訶薩，摩訶般若波羅密」（註40）此三句，上雖沒有「南無」二字，在文義上應有南無，即皈依之意，其義貫穿下三句，各「十方三世一切佛」是皈依佛；「一切菩薩摩訶薩」，則是皈依勝義僧；「摩訶般若波羅密」則是皈依法。此融會於迴向文中的三皈依，是佛教聖賢以智慧設計的日常功課，令其教徒在早晚課中，重申其最入教儀式初發心的三皈依。

佛教聖賢更進一步於迴向文之後，再次加強其擴及十方眾生的三自皈決心，而有：「自皈依佛，當願眾生，體解大道，發無上意。自皈依法，當願眾生，深入經藏，智慧如海。自皈依僧，當願眾生，統理大眾，一切無礙。」（註41）的祝導之辭。此深美弘約的祝禱之詞，句句令唱誦者再次回歸其入教的誓約，省知其皈依三寶之後，應以此為依歸，並將此善願，擴及一切眾生，普令十方眾生，與其同登智慧彼岸，充分流露佛教慈悲度眾的本義。

徵引書目

用書說明：中華電子佛典協會

（CBETA,T）即是《大正新脩大藏經》

（CBETA,X）即是《卍新纂續藏經》

（CBETA,J）即是《嘉興大藏經（新文豐版）》

《嘉興大藏經（新文豐版）・諸經日誦集要》卷3，（CBETA, J19, no. B044）

北朝北魏・覺苑，《卍新纂續藏經・大盧毗遮那成佛神變加持經義釋演密鈔》，（CBETA, X23, no. 439）

北朝北涼・曇無讖，《大正新脩大藏經・優婆塞戒經・五戒品》，（CBETA, T24, no. 1488）

南朝宋・求那跋陀羅譯，《卍新纂續藏經・雜阿含經》，（CBETA, T02, no. 99）

秦錄・失譯人，《大正新脩大藏經・別譯雜阿含經》，（CBETA, T02, no. 100）

隋・釋智顗，《大正新脩大藏經・四教義》，（CBETA, T46, no. 1929）

註39：釋覺靖，「改宗與歸依歷程——以後解嚴佛教團體之信徒為例」，（花蓮：佛光大學宗教學系碩士論文），96.06，頁211。

註40：《嘉興大藏經（新文豐版）・諸經日誦集要》卷3，（CBETA, J19, no. B044），頁177b。

註41：唐・釋宗密，《卍新纂續藏經・圓覺經道場修證儀》，（CBETA, X74, no. 1475），頁386c。

唐．不空譯，《大日經持誦次第儀軌》卷1，（CBETA, T18 no. 860）

唐．不空譯，《大正新脩大藏經．金剛頂經金剛界大道場毘盧遮那如來自受用身內證智眷屬法身異名佛最上乘祕密三摩地禮懺文》，（CBETA,T18, no. 878 ）

唐．不空譯，《嘉興大藏經（新文豐版）．瑜伽集要燄口施食儀》，（CBETA, J19, no. B047）、唐．寶思惟，《大正新脩大藏經．觀世音菩薩如意摩尼輪陀羅尼念誦法》，（CBETA, T20, no. 1084）、宋．釋遵式，《大正新脩大藏經．金光明懺法補助儀》，（CBETA, T46, no. 1945）、宋．釋遵式，《大正新脩大藏經．往生淨土懺願儀》，（CBETA, T47, no. 1984）、宋．釋淨源，《卍新纂續藏經．華嚴普賢行願修證儀》，（CBETA, X74, no. 1473）、宋．釋淨源，《卍新纂續藏經．圓覺經道場略本修證儀》，（CBETA, X74, no. 1476）、明．釋智旭，《卍新纂續藏經．占察善惡業報經行法》（CBETA, X74, no. 1485）、明釋如惺，《卍新纂續藏經．得遇龍華修證懺儀》，（CBETA, X74, no. 1488）、清．釋受登，《卍新纂續藏經．准提三昧行法》，（CBETA, X74, no. 1481）、清．釋弘贊，《卍新纂續藏經．禮佛儀式》（CBETA, X74, no. 1492）、清．釋咫觀，《卍新纂續藏經．法界聖凡水陸大齋法輪寶懺》，（CBETA, X74, no. 1499）

唐．釋宗密，《卍新纂續藏經．圓覺經道場修證儀》，（CBETA, X74, no. 1475）

唐．釋智廣，《大正新脩大藏經．密咒圓因往生集》，（CBETA, T46, no. 1956）

唐．釋道宣，《大正新脩大藏經．廣弘明集》，（CBETA,T50, no.2103），

唐．釋道宣，《卍新纂續藏經．四分律刪繁補闕行事鈔》卷3，（CBETA, T40, no. 1804）

宋．高麗諦觀，《大正新脩大藏經．天臺四教儀》（CBETA, T46, no. 1931）

宋．釋延壽，《大正新脩大藏經．宗鏡錄》，（CBETA,T48 no. 2016）。

宋．釋智聰，《大方廣圓覺脩多羅了義經夾頌集解講義》，（CBETA, X10, no. 253）

宋．釋遵式，《大正新脩大藏經．金光明懺法補助儀》，（CBETA,T46 no. 1945）

明．錢謙益，《卍新纂續藏經．楞嚴經疏解蒙鈔》卷7，（CBETA, X13, no. 287）

明．釋弘贊，《卍新纂續藏經．四分戒本如釋》，（CBETA, X40, no. 717）

明．釋智旭，《大正新脩大藏經．大乘起信論裂網疏》卷6，（CBETA, T44, no. 1850）

明．釋智旭，《大正新脩大藏經．寶王三昧念佛直指》，（CBETA, T47, no. 1974）

明．釋智旭，《卍新纂續藏經．在家律要廣集》，（CBETA, X60, no. 1123,）

清．彭際清，《卍新纂續藏經．華嚴唸佛三昧論》卷1，（CBETA, X58, no. 1030）

清．釋書玉，《卍新纂續藏經．毗尼日用切要香乳記》卷1，（CBETA, X60, no. 1116,）

孫尚揚，《宗教社會學．社會學視野中的宗教儀式定義與本質》，（北京：北京大學出版社，2001.01）
釋印光，《印光法師文鈔三編》，（臺中：青蓮出版社，1996.06）
釋果清編，《歸依儀軌》，（臺中：青蓮出版社，2007.04.08）

火頭僧，〈釋「皈依」簡儀〉，（《香港佛教》52，民 53.09），頁 6～8。
志明，〈授居家二眾皈依儀式〉，（《新覺生》3：2，民 54.02），20～21。
林仁昱，〈「三歸依」歌曲之初步整合探究〉，（《普門學報》5，90.09）
林本炫，〈社會網路在個人宗教信仰變遷中的作用〉，（《思與言》，37：2）（177），頁 173～208。
馮煥珍，〈淺論六祖的無相三歸依思想〉，（《普門學報》33，95.05），51～67。
釋慧哲，〈歸依法門〉，（臺北：佛教蓮花基金會《生命雙月刊》，2005.01），115～116。

〔美〕威廉．詹姆斯（William James）著，《宗教經驗種種》《The Varieties of Religious Experience》，尚新建譯，（北京：華夏出版社，2005.03）

依·凡·亞布洛柯夫著《宗教社會學》，王孝雲、王學富譯，（臺北：水牛出版社，1992）

釋覺靖，「改宗與歸依歷程——以後解嚴佛教團體之信徒為例」，（花蓮：佛光大學宗教學系碩士論文），96.06。

佛光山電子大藏經委員會編修，《佛光大辭典》，（高雄：佛光山文化業有限公司2000.07出版佛光山電子大藏經委員會編修）

法師親臨開示主持

信眾追隨，場面盛大

信眾虔誠行禮

天帝教

天帝教教徒皈宗儀式與認識教壇課程

天帝教皈宗科儀展演紀實

天帝教教徒皈宗儀式與認識教壇課程

蔡光思
天帝教樞機

天帝教是天帝宇宙自然教化的根本教化，因此面臨時代文明與傳統文化衝突的背景，人類慾望因物質的享受而忽略了精神生命，世界已面臨失控的時代，為承擔人心物化，化解核子戰爭恐怖威脅，拯救地球將面臨毀滅的使命，天帝乃應道統第五十五代天人教教主李極初氏，即李玉階先生涵靜老人之哀求，念茲末劫，於一九八〇年（民國六十九年）十二月二十一頒詔，特准先天天帝教重現人間，為天帝教復興第一代，人間不設教主，特派時年八十高齡的天人教教主李極初氏為天帝教駐人間首任首席使者，為帝教做先鋒，在人間奠教基，以弘揚天帝教化，貫通天心人心。

天帝教復興後，宗教制度、組織、教義、天人禮儀、修持鍛鍊法門，祈禱誦唸皇誥、經典、道場、教院、教堂等等事項，均逐一建立。而首要的教徒同奮的皈師儀禮程式亦適時的分段

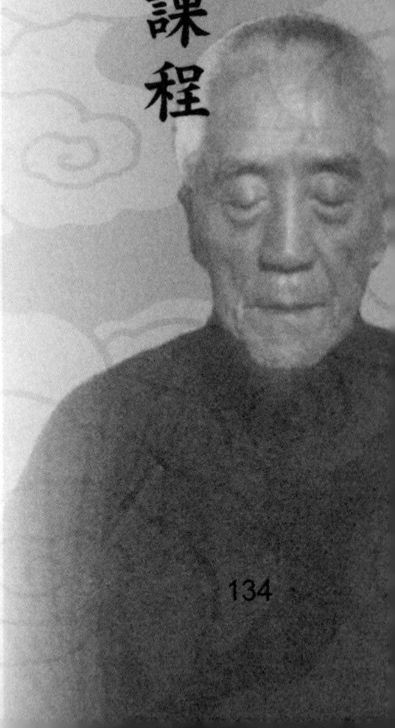

建立，以利成為一個俱足時代潮流的宗教團體，承擔時代使命的天命宗教。

關鍵字：天帝教、核子戰爭、地球毀滅、天人教、涵靜老人

壹、前言

財團法人天帝教是一個依據國家法令規定申請公開傳播，並依天帝教教綱、天帝教教義—新境界（新宗教哲學思想體系）、為什麼要在地球上復興先天天帝教等以闡明：天帝教的根源、教旨、教義、修持方法，對人類的終極關懷，對現代時代潮流之地球人類生活所威脅的毀滅危機之化解，正信信仰的生命鍛鍊，培養天地浩然正氣，光明正大生活的情操，以及弘揚天帝宇宙自然大道，淨化人心成就和諧新生命的宗教新時代之制度，廣渡有緣的社會人士參與救己、救人、救劫、救世的神聖使命，並擴及全世界各個角落，以利於創造世界永久和平，將天上的淨土建立在人間。因此，涵靜老人說：「我們天帝教的中心思想就是儒家思想，親親仁民，體天心之仁，以『仁愛』為基礎，我們出發點雖不同，而其終極目標救人救世，登斯民於極樂的願望是一致的。我是一個老百姓，我只盡我做一個國民的一份責任，政府沒有

一個人要我這樣做，這是我基於愛國家、愛同胞、愛人類，所想做的一份良心工作。」（註1）又說：「天帝教的目的是要把天上的天國，移到人間成為人間的天國；天國即上帝的所在地，理想的境界。希望將世界變成極樂世界，現在臺灣這樣安定繁榮，但願，直到三次世界大戰結束，臺灣前途可為中國之自由樂土，世界之桃源，上帝將把人間的天國移來臺灣」（註2）

所謂「人能弘教，非教弘人」，從創教之個人必須集結眾人的力量，以群體的生命與奮鬥力量，配以「天人合力」的祈禱，便是宗教濟世救人的心願。因此，天帝教的入教方式必須符合時代潮流與現代社會人心之向度，其模式亦離不開宗教應具有的儀式，天帝教稱之為皈宗。

貳、天帝教之皈宗

天帝教自公元一九八〇年（民國六十九年）十二月二十一日復興以來，由於在復興期間，浩劫將臨，萬事莫如救劫急，起心動念皆為救劫，因天帝教是救劫的宗教，所以時間、環境不許可一步一步做，一切從權，一進天帝教就以皈師、皈道、皈帝三皈併一皈，直接皈帝（註3）

。直到民國七十六年（西元1987年）三月一日起，依天帝教教綱（註4）之規定，實施皈師、皈道、皈帝三皈的程序，儀式各有不同，應配合教務中心之作業，妥為準備。皈師分為：記名童子、一般成人、因罹患重病而無法親自辦理者、回歸自然者等四類。其規定為：

（一）記名童子及一般成人必須親自到天帝教教院、教堂之教壇辦理皈師儀式。

（二）因罹患重病而無法親自辦理者，得由其直系血親、旁系血親或配偶代理申請辦理皈師。但由旁系血親代理申請辦理者，以不違背其直系血親及配偶之本意為前提，並單獨辦理。

（三）回歸自然者辦理皈師，得由其直系血親、旁系血親或配偶，於回歸自然之四十九天內申請辦理。家屬、親屬等應於辦理皈師後七天內虔誦「天人日誦二十字真經」（註5）四十九本，做為專案迴向，以助回歸自然者之靈識淨化。

（四）各類皈宗表文不同，不可誤用。

註1：師語 頁140

註2：師語 頁162

註3：天帝教教訊第41期，頁3

註4：天帝教教綱為天帝教的大法。涵靜老人曾言：「為期帝教普化全球，永垂萬禩，須有建教憲章，宏化方案，職責所在，決訂天帝教教綱，以為啟迪佈化之依據。」天帝教教綱，頁6

註5：天人日誦二十字真經為天帝教經典。

（五）皈師緣人同奮對道袍（註6）之使用，進入教壇禮儀等較為陌生，道務中心（註7）應遴選適當同奮在場指導服務。皈師中之教壇禮儀應先做簡要講解並示範禮儀動作。

（六）皈師時之司儀、贊禮、侍香、讀表、焚表及其他輔導同奮，應慎選熟悉各項工作內容及親切服務。

（七）皈師時賜甘露水飲用之茶杯，宜用環保杯。

（八）教壇內輔導服務同奮除了輔導工作外，盡量站立於排班位置，保持莊嚴氣氛。

（九）在教壇內宣讀表文應跪讀，宣讀前後各行一跪三叩禮。

（十）茲列舉皈師申請書，儀式與表文、反省懺悔文，如附件一。

（附件二）

天帝教皈師典禮（教壇用）（典禮開始前鐘鼓齊鳴二十一響）

一、典禮開始

二、引進人及皈師人請就位

三、侍香同奮請就位

四、恭請開導師入壇─就位

五、行上香禮

◎全體跪（磬）

◎初上香。亞上香。三上香

◎全體起（磬）

◎侍香同奮請復位

六、全體行四跪八叩禮

七、誦天帝教寶殿頌

◎請拿起教壇課程

◎行啟經禮（引磬）

◎請翻開第〇〇頁（磬、引磬）

註6：天帝教進入教壇所穿著之長袍，是統一規定之顏色、形式，並具有天人禮儀之意義。

註7：道務中心為天帝教教院、教堂中負責侍天禮儀的部門。

天帝教皈師申請書

皈師動機		
	天人炁功	
	靜心靜坐	
	教內文宣	
	親友介紹	

教院名稱：台中縣初院

申請日期：　年　月　日

皈師編號：　字　號

本人自願申請參加天帝教，舉行皈師儀式成爲初皈同奮，並願遵守教剛一切規定，矢願爲教服務奮鬥，進修奮鬥初乘，力行人生戒，奮鬥戒。玆填就下列各項資料，敬請審核，准予皈師爲荷。此上

天帝教

乾		坤		童男		童女	

申請人：＿＿＿＿　引進人：1.＿＿＿＿

皈師隨喜樂捐：＿＿＿元　2.＿＿＿＿

姓名		已婚／未婚		籍貫		出生	民國前　年　月　日	農曆	年　月　日　時	皈宗時年齡	
服務單位				現任職務				宗教信仰		身份證統一編號	
學歷						專長	語文： 宗教： 嗜好： 其他：				
經歷											
住址								電話	公： 私：		
永久通訊處								郵遞區號			
家庭狀況	曾祖父： 祖父： 父：		曾祖母： 祖母： 母：		夫： 妻：		子： 女：	遵守人生守則二字			
院教		三教長		教中務心		皈日師期		教證	年　月　日 編號：	管中理心	

人生戒

1. 戒傷天害理。
2. 戒離經叛道。
3. 戒紊亂綱常。
4. 戒妄結怨緣。
5. 戒聚斂財物。
6. 戒意存邪念。

奮鬥戒

1. 戒自欺欺人。
2. 戒不守本份。
3. 戒貪嗔好色。
4. 戒逞勇爭鬥。
5. 戒高傲稱強。
6. 戒放蕩形骸。

人生守則

忠恕廉明德　正義信忍公　博孝仁慈覺　節儉眞禮和

（附件一）註：本教對皈師申請書仍在進行修訂中，以力求簡單、明瞭為目的。

◎請放下教壇課程

八、升童子記名表文（無記名童子時省略）

◎全體記名童子及帶領人跪（磬）

◎讀表文（唱到名的記名童子及帶領人請行叩首禮）

◎焚表文—全體記名童子俯伏（五歲以下記名童子及帶領人免）

◎俯伏起（磬）

◎賜二十字甘露水並加錫金光

◎全體起（磬）

◎行四跪八叩禮

◎記名童子及帶領人退

九、反省懺悔

請皈師人雙手捫心，聆聽開導師提示，低頭反省，認錯改過（附件四）

十、升皈師表文

◎全體皈師人跪（磬）

◎讀表文（唱到名的皈師人請原地行叩首禮）

◎焚表文—全體皈師人俯伏
◎全體起（磬）
◎行四跪八叩禮

十一、皈師人全體恭向

◎本師世尊首任首席使者
◎本師首席督統鐳力前鋒
◎本師首席正法文略導師　行四跪八叩禮

十二、恭請開導師率皈師人跪誦二十字真言三遍

◎全體跪（磬）
◎請拿起教壇課程—翻開第〇〇頁（引磬、木魚、磬）
（第一遍由開導師領導唱誦，第二、三遍全體一起唱誦）
◎全體起（磬）
◎行收經禮（引磬）

◎請收起教壇課程

十三、三呼「天人親和呼號」（磬）

十四、恭請開導師致詞

十五、賜二十字甘露水（祈請二十字主宰加持化陰陽水為二十字甘露水，可以排除體內陰濁之氣、淨化身、心、靈、強化生理機能）

◎皈師人全體跪

◎恭請開導師賜甘露水並加錫金光

◎全體起（磬）

十六、皈師人敬謝開導師─行一跪三叩禮（磬、引磬）

十七、皈師人謝引進人─行一鞠躬禮（引磬）

十八、全體行四跪八叩禮

十九、恭請開導師退壇

二十、禮成、退班

（附件三）

皈師表文

維公元〇〇〇〇 年・中華民國 〇〇〇年 〇 月 〇 日弟子

率請求初皈皈師之皈師人等跪呈

本師世尊首任首席使者儿座下

本師首席督統鐳力前鋒法座下

本師首席正法文略導師法座下

敬曰：人心惟危。道心惟微。惡慾糾結。循環報復。累積共業。而有三期末劫總清。且以人慾横流。天地閉塞。危機四伏。肇致人為毀滅威脅。幸我本師精誠感應，蒙

道統始祖宇宙主宰玄穹高上帝天帝教教主特准先天天帝教重來人間。恩降昊天自然無為大道，淨化人心，積極搶救原人。傳佈先天超生了死大法。匯聚正氣。完成時代使命。化延毀滅劫數。

茲有 〇 道〇〇〇 生於公元〇〇〇〇年・民國 〇〇年〇 月〇日 〇時，發願請求皈依

本師。先從遵行教則（人生守則）做起。力行 〇、〇 二字。做好天帝教同奮日常基本功課，進修奮鬥初乘。持守人生戒、奮鬥戒。效法 本師「不為自己設想，不求個人福報」之

精神。一心犧牲奉獻。積極培養正氣。早晚反省懺悔，為化延毀滅浩劫，拯救天下蒼生，虔誠祈禱。為確保臺灣復興基地，實現兩岸和平統一之真愛奮鬥無息。伏乞

本師恩准。行使我帝教教主天帝御賜法權。加被帝德。登列天冊。曉諭十方三界。並賜派無形監護童子乙員。予以護持。不勝感禱之至。謹表

註：

1、此表文為西元 2001 年民國九十年七月啟用。

2、天帝教在辦理皈師時所使用之表文仍以直式呈表。

3、表文仍依皈師類別分類。

4、國外地區之皈師表文依地區之使命及語文方式呈表。如為華人地區，仍可以華文呈表，其他地區性以使命需求呈表。

5、天帝教現在之國外地區有美國教區與日本國教區。

（附件四）

開導師要求皈師人反省懺悔的話

本人今天，引導各位進入天帝教大門，站立在教壇舉行初皈皈師儀式。首先，要求各位自己反省檢討過去，對國家有沒有不忠？對父母有沒有不孝？為人處事有沒有違反良心的地方？再來懇求本師世尊首任首席使者、本師首席督統鐳力前鋒、本師首席正法文略導師及〇〇〇殿殿主賜予懺悔改過機會，才可重還清白之身，名登天榜。一面要從今天起，先盡人道，進修奮鬥初乘，以及「人生戒」、「奮鬥戒」各項規定，並照在二十字真言中所認定的兩個字，切切實實去做；同時每天早晚反省檢討，做人做事有無過錯？有無違反教則、教戒？有則懺悔痛改，無則加勉。

大家如能天天反省懺悔養成習慣，正氣自然凝集起來，發揮力量，暴戾陰霾之氣自可消化，小則邪魔鬼怪見而遠避，可以確保全家平安，大則可望早日達成本教的時代使命！

小結：天帝教皈師程序

一、填寫皈師申請書。

二、選人生守則二字。

三、由道務人員協助填寫皈師表文（以黑筆填寫），皈師人簽名確認。

四、由道務人員輔導皈師人穿道袍。

五、至大同堂或適當的地方教導光殿基本禮儀。

六、皈師儀式。

七、讀表文時，唱名唱到皈師者，由道務人員輔導其叩首。

八、開導師為皈師者加光及賜甘露水。

九、開導師唸誦「要求皈師人反省懺悔的話」。

十、皈師儀式完畢，贈送皈師同奮「天帝教初皈同奮必讀」、「認識天帝教」、「靜心靜坐」等書籍。

由道務人員輔導皈師人穿道袍

教導光殿基本禮儀

皈師儀式

皈師儀式

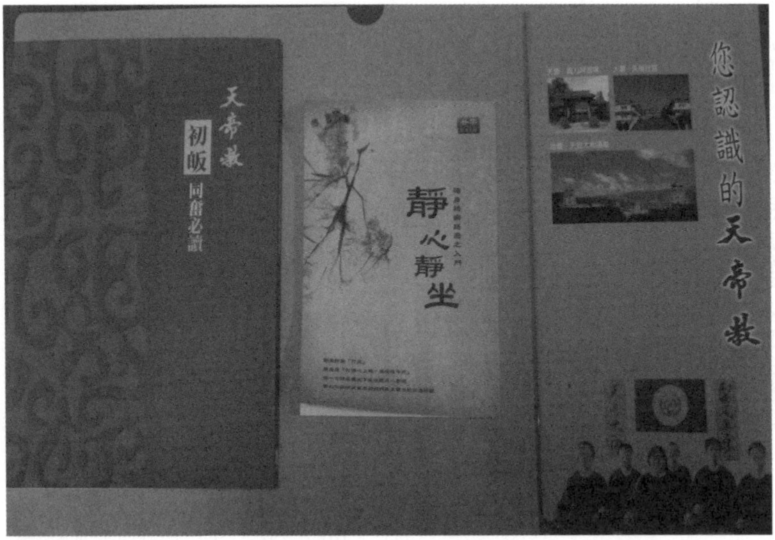

贈送皈師同奮「天帝教初皈同奮必讀」、「靜心靜坐」、「你認識的天帝教」等書籍

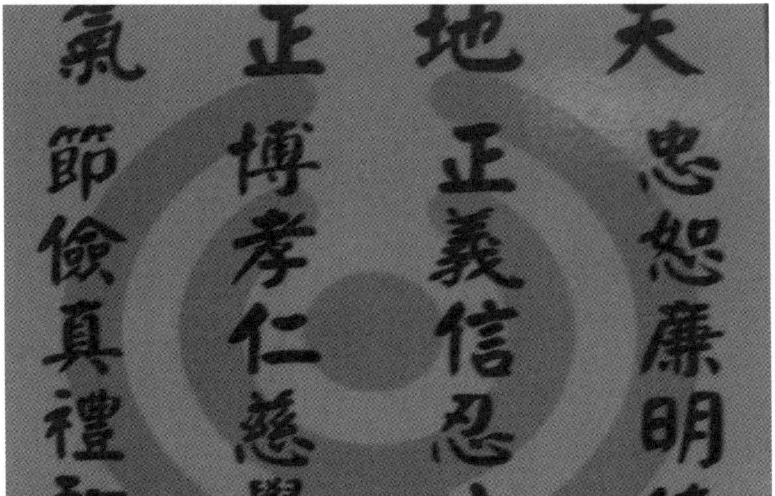

贈送皈師同奮「二十字真言卡」

參、皈師的意義

宗教是人類生活中極重要的社會教育，對人生命的鼓舞和振奮具有無比的力量。尤可對於群體社會安定，淨化人心有著影響的作用。因此正信宗教必能使人對於未來產生信心和希望，使人過著方便合理的生活。過著宗教生活則必有明師指導，學習生命哲學、修練法門、救劫心念、服務眾生的心向。天帝教皈師即是皈依天帝教首任首席使者涵靜老人李玉階大宗師，以先知覺後知，先覺覺後覺，帶領所有同奮共同為救劫化劫的使命而奮鬥。救劫乃拯救世界核子戰爭毀滅浩劫，化劫乃能化解地、水、火、風各種世界之災難。進而引導同奮修練正宗靜坐，成就新生命。幫助我們返本還原，回到上帝身邊，這種承先啟後的過程，就是皈師的意義。

所謂皈師，簡言之，皈就是身心有所歸向而依附之，期能尋回靈明本性、回復清淨本體。師字是指師者傳道、授業、解惑也。解惑者為知識的傳授，授業者為技能之傳授，傳道者是為道師，天帝教皈師是皈「本師世尊」，為位證無形精神領導之天人大導師，換句話說，皈師就是藉著天人炁功服務、靜心靜坐班、天帝教弘教文宣、親友介紹等方式，由開導師的引進，在教壇上帶領皈師人皈依天上三位一體——即本師世尊首任首席使者涵靜老人、本師首席督統鐳力前鋒、本師首席正法文略導師之「本師世尊」。

依據天帝教教綱第十一條「教徒同奮」之規定，天帝教教徒同奮無種族、國籍、信仰、性別之限制，凡世人具有下列八項條件：一、忠愛國家，二、孝順父母，三、信仰宗教，四、救世宏願，五、奮鬥決心，六、哲學研究，七、科學認識，八、大同思想，且贊同並信仰天帝教教旨，及具虔誠研究教義興趣者，經同奮二人以上之引進，按三皈程序三乘進修，舉行皈師儀式，得為同奮。

同奮皈師之後，要先修奮鬥初乘。因為修道須從人生基層奮鬥開始，唯有奮鬥可以消除生生世世在輪迴顛倒中的業障，奮鬥不是一個口號，奮鬥就是培功立德，需要付出代價，「不為自己打算，不求個人福報」，要犧牲奉獻，出心、出力、出錢，要唸皇誥、寶誥，要引渡原人，要安悅量力每月奉獻，要參加親和集會，要研究教義等等才算奮鬥，於是冤孽可望解除；再求二皈皈道，參加正宗靜坐，向天奮鬥，向上聖高真要求聖凡平等、天人大同的至善之境。所謂向天奮鬥，就是透過性命雙修，鍛鍊精、氣、神，了悟生命真正價值的途徑；然後三皈皈帝，堅苦修練，以宇宙為家進入天人合一之永恆精神境界。（註8）

註8：天帝教初皈同奮必讀，前言，頁3～4。

肆、天帝教本師世尊首任首席使者涵靜老人（一九〇一～一九九四）

涵靜老人李公玉階，學名鼎年，字玉階，後以字行，一九三〇年師錫道名極初，一九三七年七月二日，歸隱華嶽時年三十七歲，自署道號涵靜老人。涵靜老人於一九〇一年清光緒二十七年夏曆四月初五日，誕生於江蘇蘇州城內大石頭巷一家平民家庭。一九九四年民國八十三年十二月二十六日，證道於臺灣南投縣魚池鄉天帝教鐳力阿道場。駐世九十五歲。

涵靜老人生於憂患，長於憂患，成於憂患，死於憂患，九十五年的憂患生命，他走過辛亥革命、列強外侮、軍閥內亂、對日抗戰、兩岸分立，中華民族最危急苦難的歲月。也走過中國從積弱落後的農業社會，到富裕繁榮的工業社會的社會經濟轉型起飛的關鍵時期。因之，涵靜老人曾在一九九一年致鄧小平先生的一封信中，感慨地自述：

「我是一個歷經憂患、自始窮究天人之學的中國傳統知識份子，我熱愛中華民族文化的真諦，我希望中國富強、和平、統一。我更祈禱中國人能生活在自由、民主、繁榮、均富且無虞匱乏、免於恐懼的現代國家，並有尊嚴地迄立於國際社會中。」涵靜老人是一九一九年民國八年「五四」運動上海學聯的學生領袖，他服膺「民主」、「科學」，他愛好自由、和平。

一九一八年，涵靜老人十八歲由上海民立中學畢業，婉拒了八十歲老祖母華太夫人送他赴日深造的慈意，毅然地自做主張，由育才公學轉入吳淞中國公學就讀。這是他在憂患生命起步時所做的第一次重大抉擇。

中國公學是當時青年仰慕嚮往的革命學府，且是學術自由、校風開放由教授學生治校的新學府。孫中山先生、黃克強先生、蔡元培先生是該校的校董，在中國公學授課的胡適先生、于右任先生、王雲五先生、馬君武先生、楊亮功先生、梁實秋先生、張東蓀先生、羅隆基先生、謝冠生先生，均是一時菁英的學人。

「五四」一代的中國知識份子所共有的氣質，那就是：一、憂國悲時危機敏感的憂患意識，二、傳承文化熱愛中國的民族精神，三、擇善固執實事求是的進取行為，四、捨我其誰天下己任的擔當勇氣，因此，不難從涵靜老人的從政、辦報、立業、行道的一生事蹟，他所執著的、追求的、奮鬥的與修持的心教、身教、言教的典範中，隨處都可以感受那一代先賢的精神。

涵靜老人一生多一分灑脫的獨立特行的豪情壯志，有所為，有所不為；有所讓，有所不讓。少一分世俗的掙扎瞻顧與阿諛媚世的行為，他淡薄名利與物質生活、重視精神境界的滿足。

中國時報創辦人余紀忠先生是武進同鄉，他與涵靜老人訂交於抗戰時的西安，逾五十年的相知。紀忠先生曾在為涵靜老人祝壽的文章中說：「我與玉階先生相識於民國二十七年，八年間，時玉階兄居西嶽華山，息隱山林，而隱然有天下蒼生之志，三十九年來臺，離亂中故人重逢始多過從，我總以玉階兄為今世之奇人。其秉賦之超塵絕俗，故令人接之有清新之感。而其以出世的心性，做入世奮鬥之事蹟，尤有多足。言談間每遇忠奸是非之辨，猶見其熱血沸騰，有凜不可犯之貌，其服膺真理、擇善固執的精神，於此可見一斑。玉階兄對治事有所爭，亦有所讓。其所必爭者公義，所常讓者私利，此固三十年代知識份子所以自誇之處，而玉階兄最為顯著，至於決嫌疑而定是非，尊道義而解糾紛，玉階兄一生所好者比比皆是。最能傳神、印心。」

一九二八年春，涵靜老人應宋子文先生的延攬，入國民政府財政部參與機要密切，名為機要秘書，實為主任秘書，專替宋子文先生審閱公文，提供建言，分別在上海中央銀行大樓與南京丁家花園工作。由於涵靜老人曾任上海統稅局長、貨價調查局長、財政局長，當年上海菸酒稅係包稅制，商人承包後，三分之一繳納政府，三分之一商人自留，尚餘三分之一乃屬官員之陋規。涵靜老人化私為公，振疲除弊，明知其不可為而為，最後既不為同僚所喜愛，亦不為商人所滿意，這一段少年從政的經歷。宋子文先生風聞涵靜老人耿介正直，且對財稅有實務經驗，延為西賓。這是他第二度在憂患生命中所做的重大抉擇。

三十歲是涵靜老人的生命覺醒期，照破他的迷障，開啟他的本性者，蕭公昌明大師也。

一九三〇年夏，涵靜老人初識蕭師於南京二郎廟時，蕭公時年三十七歲，僅長涵靜老人七歲，蕭師一句：「玉階，你來了！」直指人心，豁然震醒嚐盡塵勞折磨的涵靜老人，剎那黃粱夢醒，了悟人生，回首天涯，無意仕進。從茲親承薪傳，放下一切，以身許道，一九三四年秋，稟承師命，摒棄京滬繁華，自此一門深入，闡教西北，世緣日淺，道緣日深，入世苦行，隨分報國。這是涵靜老人憂患生命中所做的重大的抉擇。

一九三七年七月二日，蘆溝橋七七事變前五日，涵靜老人毅然辭棄財政部陝西甘寧青晉五省鹽務總視察，挈眷歸隱華山。《清虛集》卷首載有七絕詩存證曰：「悠悠華嶽幾經秋，國脈同傳亙古休，萬里黃河環玉帶，一輪明月滾金球，風雲變幻誰先覺，烽燧將傳獨隱憂，我本悲時非遯世，天心早許白雲留。」從茲歸隱山林，先居華山北峰，復遷深谷白雲峰下大上方。淡泊寧靜，日與天遊，然身在山林，心存社稷，朝夕祈禱，護持國家。

涵靜老人以絕對信賴　上帝的「信心」，大慈悲願的「誠心」，修持不懈的「恆心」，在華山大上方寂寞八年，洞府壁觀，潛修苦行，松下兀立，玄思冥索，仰觀俯察，反心內證，建立了天人實學哲學思想，與自修自證昊天心法性心體系，開啟了心物協調、聖凡平等的《新境界》。

《新境界》是以中國先秦文化的生生不息、積健為雄的生命哲學為中心，首先肯定「動」

的宇宙，生化不息，精神與物質同樣不滅地循環返復，自無至有，從有返無，運行嬗變。自然係充滿生命的自然，生命亦是充滿自然的生命，是為宇宙的本體。繼而透過憂患意識指出了「和」的精神是為上帝的真道。宇宙運行不得其「和」即成混沌，物質與精神不得其「和」即無生機，人身的精、氣、神不得其「和」即有死亡，人類心理感應不得其「和」即生仇恨，社會秩序不得其「和」即有暴亂，科學與宗教不得其「和」即無真理，國際關係不得其「和」即生戰爭，天人關係不得其「和」即無大同。

涵靜老人以「動」與「和」建構起他的《新境界》的哲學思想，進而他認為宇宙本體絕不是唯神的、唯心的、唯物的或心物並行的，而是心物一元二用的，他說：「無所謂心，無所謂物，兩者實為渾然一體流行不休的兩面，物不離心而獨立，心不離物而空寂，兩者不可須與分離。心與物的關係，一如手掌之有手背與手心之分，是一個整體不同的兩面。」他提出了「心物一元二用論」解決了唯心唯物之爭，亦解決了性善性惡之辯。

繼以開擴的視野，從「心物一元二用」論的基礎上，提升到「天人合一」的宇宙境界，以宇宙為家，與宇宙生命共始終。在精神與物質層面，增進人類全體之生活，發展宇宙永恆之生命。並以「第三神論」神學體系建立起以「聖凡平等」的核心理論，以人人可以成聖成神，人人可以為堯舜，再昇華到把理想的天國建立在人間的「天人大同」終極理想境界。

他以憂患的眼光觀照現實世界的道德秩序崩潰，精神文明瓦解，唯物的無神論者使人類陷入於自殺性屈辱毀滅的深淵。他認為人類今後應該循下列途徑，以愛為出發點，以非恨為立足點，走向：

——讓一切無神論者，徹悟唯物唯力之罪惡，歸向有神，而非暴力迫害。

——讓一切有神論者，徹悟門戶畛域的偏狹，歸向大同，而非自大自私。

——讓一切大同論者，徹悟平等自由之精神道德，歸向互愛互助，而非仇恨鬥爭。

他睿智正覺，深知在進化歷程中，人類一切世間法的知識學問，與精神道德、文明進步，關係極為密切，因此，他確認：

——一切知識學問的最高共同目標，在於救人救世。

——一切救人救世的基本共同方法，在於自救互救。

——一切自救互救的基本共同途徑，就是充實提升救人救世的知識學問。

自救即是救人，救人亦即所以自救，自救互救端在自愛互愛，自助互助。因此，涵靜老人在復興天帝教時期，提出了「先盡人道，再返天道」、「不為自己設想，不求個人福報」的警語。告訴世人：「人人都有道根，人人都與道合。人人都能修道，人人都可以得道。」「修道不外修身，身外無道，修道必先正心，道在人心。」

一九七八年，涵靜老人成立「中華民國宗教哲學研究社」，期望以科學而客觀的方式，研究探討宗教哲學，達到「敬其所異、愛其所同」、「宗教大同」、「世界大同」的境界。翌年，開辦中國正宗靜坐傳習班，旨在藉老祖宗留下的天人合一思想，教導弟子：宇宙觀、救劫觀是昊天心法的入道之基，應秉持「不為自己設想，不求個人福報」精神，為弘揚二十字真言，化延核戰毀滅浩劫、促進世界、兩岸和平而祈禱奮鬥。

一九八八年教師節「中華民國紅心字會」在臺北復會，以舉辦社會福利事業、發揚二十字精神為宗旨，以聘請專業社工、不負傳教目的為原則。同年十一月雲南大地震，立即指示：「基於同胞愛，紅心字會應有所反應。」十二月，紅心字會代表帶著四百萬元的藥品，深入耿馬災區賑災。目前主要工做為受刑人家屬服務、設置受刑人子女獎助學金、老人居家及社區服務、單親家庭服務等。

一九九一年「中華天帝教總會」成立。以發揚「不為自己設想，不求個人福報」精神，達成宗教大同、世界大同、天人大同之終極目標為宗旨。主要工作是「宗教會通」，定期舉辦「宗教聯誼會」。總會承續涵靜老人一九八九年二月與一貫道、軒轅教召開三教聯誼籌備會之精神，二〇〇三年第五屆涵靜老人學術研討會時，十二個宗教代表與中國社會科學院世界宗教研究所代表，在鐳力阿道場救劫亭旁共植「宗教大同松」以為紀念。

一九九二年元月，涵靜老人成立「極忠文教基金會」，會務重點為：「獎助或舉辦符合本會宗旨有關之兩岸學術文化交流活動」。同年八月，贊助中華宗教哲學研究社與中國社會科學院世界宗教研究所，在西安舉辦「海峽兩岸道家道教學術座談會」，至今仍持續舉辦，帶動兩岸學術交流。

天帝教首任首席使者涵靜老人是一位一生弘揚中華文化、追求和平的老人。

涵靜老人，一個歷經憂患、熱愛中華民族、自始窮究天人之學的中國傳統知識份子。以其悲天憫人的襟懷，進而衍生為對危機的敏感，積極進行增進人類福祉的「立」，盡力終止人類流血戰爭的「破」。

一九九四年十二月，涵靜老人證道。於天帝教鐳力阿道場清虛妙境留下最後遺寶：「中華一家」，駐世人間九十五載。

一九九五年一月二十二日弟子門人舉辦追思大典暨祈禱兩岸和平統一大會，以表繼志述事之忱。

（本文錄自紀念本師世尊一百一十歲誕辰，二〇一〇年涵靜老人講座：天帝教首任首席使者涵靜老人李玉階先生簡介）

伍、天帝教教壇課程

一、教壇

（一）教壇課程的由來

（1）天帝教（民國68年～76年）（公元1979～1987）

（2）祈禱詞（民國76年～78年）（公元1987～1989）

（3）教壇課程（民國78年以後）（公元1989～）

（二）教壇的意義

本教教壇，為天帝傳佈真道、宣達意旨、諸大神媒雲集、天人溝通、教徒修持之聖地，奉命謹設「天帝教直轄寶殿」於人間復興基地臺北為教壇；並設道統殿，奉祀列代教主，殿之昭穆分設配祀堂、功德堂，崇祀有功受爵教徒及中外、古今賢哲德澤垂於後世者。並於教化所至各洲、各國、各省市，設立教壇及道統殿，其教壇殿名隨時請示命名。

（三）教壇禮儀

教壇亦稱光殿。在天帝教教綱附件「教義－天人禮儀」中有：

教壇—1、教壇設儀2、教壇威儀3、教壇執儀4、教壇修儀5、教壇典儀。

1、教壇設儀

唯教有壇，為教之魂，事神以主，克配克祀。教壇者，迺昊天誥命之壇，為神媒雲集之軒，其形宜肅，其神益穆，瞻之巍巍生威，即之嚴嚴若溫，摒除塵俗，淨明端莊，疏潔簡樸，以靜以和，是為天人教壇。唯配享之統，序別昭穆，其置清華，其色肅然，不紊不紛，以竭至誠，開朗足以示神明，幽諒足以示神媒，擇地以宜，擇時以別，在於院設，唯形莊嚴，唯設簡樸。

2、教壇威儀

入教壇，秉中誠，正顏色，潔身心，敬詣軒門，鞠躬以進，履席屏息，凝神端視，以示奮鬥。進詣壇案，神怡氣和，以示平等。復位時，面向上而退，以示誠敬。行禮齊整，進退莊嚴，唯神在上，必敬必誠，出入序齒，以別長幼。

3、教壇執儀

奉典司，如尊令，執祀司，如使命，屏息正心，鵠立侍行，手足併垂，正顏端視，序次一貫，雙手供遞。復位，不糾不危，司禮嚴肅，和韻整齊。司祝，聲揚氣朗，神注色怡。各級執司，整襟正心，屏靜俗氛，甯靜親和，以感神媒。

4、教壇修儀

修焚解禳，首正法壇。頌讀唱和，抑揚有致。一念中正，目不邪視。清魚以綱紀，器吟以輔聽，別清濁、調迅緩，唯在虔誠，天人親和。執司使事，毋嘲毋狂。垂詢謹對，記載有序。感應心孚，止靜端莊。屏息以侍，修儀以成。

5、教壇典儀（詳見天人禮儀手冊儀式篇）

在弘教系統以「始院」為全球弘教中心，始院之教壇光殿為「凌霄寶殿直轄寶殿」，各州國、省、縣市依教化所至，設立教壇及道統殿，均以「玉○殿」為名。應化人間主持神媒有殿主、副殿主、總護法。

每一教壇的主體結構均應設置「道統殿」，道統殿之左右分設「配祀堂」與「功德堂」。

（1）光殿——本教各級教院均有光殿，通稱「教壇」，謹奉命於復興基地臺北設「凌霄寶殿直轄寶殿」。其他在各國、各省市，設立之殿名隨時請示命名，各殿並設道統殿、配祀堂、功德堂。

（2）道統殿——應設於教壇之內，並奉祀道統衍流之列代教主。道統殿左設配祀堂、右設功德堂。

（3）配祀堂——崇祀有功受爵教徒。

有功——指得有追尊、表揚。

受爵——指得有道（天）爵。

教徒——指通過三皈程序、三乘進修之同奮。

（4）功德堂——崇祀中外古今賢哲，德澤垂於後世者。

古今中外——包括過去、現在、未來之本教同奮及教外人士。

賢哲——凡具有大智慧、大德行、德澤得以永垂後世者。

入配祀堂、功德堂均以「文字」書寫方式行之，不得以個人相片或象徵牌位入祀。

（5）本教各級教院、堂、道場均有教壇，光殿均有殿主、副殿主、總護法駐殿運化救劫弘教之時代使命和引渡原人參與奮鬥行列，以挽救三期末劫，化延核子戰爭的毀滅浩劫，以及化減天災人禍之災厄途苦，拯救天下蒼生。

二、寶殿頌：

（一）全文：

曠劫難逢　金闕在望　如帝在上　戰戰兢兢
克配克祀　以和以親　隱顯圓融　至聖至神
巍巍生威　嚴嚴若溫　念茲末劫　帝道重光
扭乾轉坤　拯救蒼生　奮鬥奮鬥　矢忠矢誠
同心哀求　感應無量　化延毀滅　大地回春
昭告天人　一道同風　以正道統　萬教歸宗
仁恩浩蕩　威震十方　應化無疆　永馨永昌

（二）簡釋：

生在曠世以來難以遭逢的大時代，置身光殿，透過光幕，金闕宛如在望，而上帝宛如就在眼前（鞠躬），弟子謹以至誠至慎之心禮敬上帝，以及護持救劫大業的所有仙佛，期能以至敬的親力召致上帝與諸位上聖高真的和力以應。

寶殿之上上帝與列位上聖高真微微透顯智慧圓融的光芒，與至高無上的神聖靈映，德業崇高，令人既敬且畏；法相莊嚴而溫和。

仔細思量，在這三期末劫之關鍵時刻，上帝的教化重來人間，期能扭轉衰敗的氣運，拯救即將遭劫的眾生。為此我們矢志以至忠至誠之心，不斷奮鬥再奮鬥。

同心哀求應元的上聖高真，以無量的悲心與和力顯化，化延毀滅浩劫，讓人間大地春回。

謹以耿耿此心，向十方三界宣告，誓願使寰宇返清平，端正道統，人間萬教一一歸於上帝真道的懷抱。

但願上帝與諸仙諸佛的慈恩浩蕩無邊，神威震服十方，教化傳播三界，至德至仁的上帝真道在人間傳佈無窮（註9）。

（三）時間：

民國六十九年西元一九八〇年天運庚申年十月十五日本師世尊首任首席使者涵靜老人親自撰寫。

（1）莊嚴執儀：曠劫難逢　金闕在望　如帝在上　戰戰兢兢

本師世尊指示：「凡屬形而上（對上）即是研究，追求（積極三奮，以求聖凡平等與宇

註9：黃敏警譯文

宙共始終），奉行、修持（祈禱親和！反省懺悔）天帝宇宙大道之有關事宜為道務工作」。

（2）謹申謝頌：當茲末劫將臨，唯我世界人類有幸，仰蒙上帝聖恩，特准先天天帝教重來地球復興，應化人間，救劫救世，並敕封教壇為「凌霄寶殿直轄寶殿」，本師師尊特申謝頌，矢忠矢勤。

天帝教第二任首席使者李子弋教授維生先生亦引述說明：「教壇課程的寶殿頌，本師世尊建立天帝教的第一個光殿，上帝親自賜名『凌霄寶殿直轄寶殿』，本師世尊得到上帝核定之後，在庚申年十月十五日正式頂表：

仰蒙聖恩特准先天天帝教重來地上，應化人間，並敕封教壇為『凌霄寶殿直轄寶殿』，謹申謝頌，永矢忠誠。頌曰：

曠劫難逢，金闕在望，克配克祀，以和以親，如帝在上，隱顯至尊，瞻之巍巍生威，仰之嚴嚴若溫，唯茲末劫，帝道重光，同心哀求，感應無量，化延毀滅，大地回春，一道同風，以正道統，萬教歸宗，教化無疆，萬世永昌，理應懸匾，廣佈慈輝，仁恩浩蕩，普錫金光。

稽首頓首謹表以聞

天帝教第二任首席使者李子弋教授維生先生說：「本師世尊已在前面的手稿中做過部份

的修正，隨後要我做部份文字的調整，成為現在的寶殿頌，同奮到光殿行禮的時候，都要先唸一次寶殿頌，表示『謹申謝頌，永矢忠誠』。」

（3）天人親和：克配克祀　以和以親　隱顯圓融　至聖至神　巍巍生威　嚴嚴若溫

（4）救劫弘教：念茲末劫　帝道重光　扭乾轉坤　拯救蒼生　奮鬥奮鬥　矢忠矢誠　同心哀求　感應無量　化延毀滅　大地回春

本師世尊說：「凡屬對上形而上即是於研究追求、奉行、修持天帝宇宙大道之有關事宜，修持還包括了祈禱親和、反省懺悔在內，都為道務工作。」所以光殿是我們誦唸皇誥、寶誥迴向拯救天下蒼生的寶地。同時我們每年巡天節恭迎、恭送教主聖駕的寶殿，更是我們同奮靈修練心、鍛鍊精氣神、轉化氣質、創造新生命的聖域之境。

（5）奮鬥目標：昭告天人　一道同風　以正道統　萬教歸宗　仁恩浩蕩　威震十方　應化無疆　永馨永昌

天帝教是時代救劫宗教，具持撥亂返正和諧平等、宗教大同、世界大同、天人大同的終極使命，更由此創造世界永久的和平。所以，本師世尊告誡我們絕不可「悖亂道統法統」。本師世尊也說：「凡屬形而下（對下）即是傳佈推行天帝宇宙大道，教化世人，化延災劫之有關事宜，為教務工作。」教務工作即是宣揚宇宙大道，淨化人心，化解天災人禍，化延核子毀滅浩劫，創造人類和平清淨的新聖域，這是有形的配合，必須時時上光殿祈禱親和誦誥迴向，以無形的運化而達到我們天命承擔任務。

三、祈禱詞

祈禱詞有分兩種：

其一為中華民國國內通用。

其二為世界各國通用。

祈禱詞仍應順著世界潮流、環境變化而有所改變。

祈禱詞：（國內地區使用版本）

教主！我願奮鬥！（振左臂三呼）（以下跪誦）

願——神聖人凡通，至誠獲感應！

願——人心復古，抱道樂德，回天轉運，人類浩劫化滅於無形！

願——信心不惑，澄清行劫魔氛！

願——拯救天下蒼生，化延核戰毀滅劫，大地早回春！

願——天佑中國，兩岸真正和平！

願——青天白日放光明，我居自由、民主、平等、繁榮、均富、安寧！

願——黃胄一統，萬方協和，中華文化復興！

願——天下為公，宗教大同，世界大同！

願——人類無差等，泯除民族仇恨！

願——寰宇清平，永無侵略戰爭！

志願無盡，身心遵神媒，身心為蒼生，奮鬥無已，精誠格穹蒼，聖域化開天人！（俯伏）

上帝！大放親和光，我願伸！（起）

本師世尊涵靜老人說：「教主！我願奮鬥」這個『教主』就是我方才講的天帝啊！天帝教的教主。今天世界上哪一個宗教都有教主啊！佛教的教主是釋迦牟尼佛，基督教教主耶穌，回教教主穆罕默德，都有教主啊！你不能直接到上帝那裡去啊！中間有個教主啊！我們的同奮就是上帝的同奮啊！因為我們同奮天天唸『慈心哀求金闕玄穹主』，『金闕玄穹主』是哪一位？也是我們的教主，『我願奮鬥』這個『我』就是我們同奮，我們都是上帝的子民，當年奉上帝的命下來，到了地球上來，回不得去，不能回去。大家為了酒、色、財、氣、七情六慾迷惑了，把我們的性竅迷住了，不得回去，所以在六道輪迴裡面顛顛倒倒，好不容易今天能回到上帝的大門來了，你們這一次就要回到上帝的左右、要回老家去。『教主！我願意為上帝奮鬥，救天下的蒼生』，奮鬥就是犧牲，要犧牲才能奉獻啊！

所以，我們如果隨時隨地發生危險、困難，到了不得了的時間，要呼天了，『老天啊！救我啊！』中國人幾千年來的習慣，到了沒有辦法生死關頭的時候，就要喊上帝了！又要喊媽了！對不對？現在『教主！我願奮鬥』天人親和呼號，就是要我們到了生死關頭、危險的時間，只要唸『教主！我願奮鬥』，馬上有一個力量來搭救我們。」

天帝教第二任首席使者李子弋教授維生先生也說：教壇課程的祈禱詞，保留著師尊在民國三十八年西元一九四九到臺灣之後，每天的祈禱詞：

上帝！我願奮鬥！

願——獲智慧！

願——無私情！

願——天下為公！
願——黃冑復興！
願——信心不惑，澄清赤魔氛！
願——天佑中國，同盟一心，早登凱旋門！
願——青天白日普光明，魑魅魍魎遁蹤形！
願——世運大同，我居自由安寧！
願——人類無差等，泯除民族仇恨！
願——環宇清平，永無侵略戰爭！
志願無盡，身心遵神媒，身心為蒼生，奮鬥無已，精誠格穹蒼，聖域化開天人！上帝！大放親和光，我願伸。

民國四十三年時，師尊在自立晚報的天聲人語專欄中刊登出來後，有很多老朋友說：「看了你的祈禱詞，非常感動，願意與你一起來祈禱。」一直到民國六十九年十二月二十一日天帝教復興這一天，他老人家把自己的祈禱詞改為天帝教同奮的祈禱詞，在民國八十八年時，我請求修正部分的文字，成為現在天帝教同奮共同使用的祈禱詞。

各位同奮！我們的祈禱是為天下蒼生祈禱，是師尊精神的傳承，我們希望兩岸真正和平，「天佑中國」是祈求教主上帝保佑中國的大陸和臺灣人民，讓兩岸真正得到和平，當同奮在唸祈禱詞的時候，我們的心就與師尊的心融合在一起。「志願無盡，身心遵神媒，身心為蒼生，奮鬥無已，精誠格穹蒼，聖域化開天人！上帝！大放親和光，我願伸。」

天人親和呼號，「教主！我願奮鬥！」天人親和呼號是萬天總咒，當同奮持誦「教主！我願奮鬥！」時，教主上帝的親和光就進入到同奮的心裡。

四、天人三寶・三規・三銘

天人三寶

（一）皈奉帝寶，效終宇宙，道人天人，回歸自然

（二）皈奉道寶，尊崇道統，循行三規，永矢天人

（三）皈奉師寶，忠侍正宗，學參三銘，堅守天人

天人三規

（一）畏天命，尊道統，以進大同

（二）研教義，重威儀，以徵平等
（三）遵師訓，守薪傳，以克奮鬥

天人三銘

（一）承天效法，一貫大成，克明止善，永執厥中
（二）淡泊寧靜，滌新道心，前王不忘，唯始唯終
（三）平等同仁，無為大公，協和敦化，允進康同

五、皈師同奮的修持功課

所以教壇是我們本地球天人雲集、祈禱禮拜之最佳場所。人從虛無中來，日後仍要回到虛無中去；一趟人世之旅有無意義，就看自己能否奮鬥不懈了。是以，本教修持法門以「先盡人道，再修天道」為原則，希望各位初皈皈師同奮每日力行四門基本修持功課，培養正氣，勤參靜心靜坐，鍛鍊體魄，藉此得以逐步恢復本來面目，並進而秉持「不為自己打算，不求個人福報」之信念，面對生活中的一切挑戰。因此，皈師同奮必須力行四門基本功課。

（一）奉行教則

教則亦名「人生守則」或「二十字真言」，就是「忠、恕、廉、明、德、正、義、信、忍、公、博、孝、仁、慈、覺、節、儉、真、禮、和」二十個字，係人類做人做事之準則，亦為本教教徒同奮日常修證之功課，一般人也可以在家庭中或其他神堂作禮拜祈禱，除身體力行外，並應每日晨昏誦唸十遍至數十、百遍，以培養正氣，感召二十字主宰仙佛的靈力加持，發揮無形靈力，可消除個人業障，增進家中祥和幸福美滿。

每誦二十字真言五十遍或一百遍之後，可依情況誦唸迴向文，除可迴向世界、國家外，亦可迴向個人。

（二）祈禱親和、虔誦特定經典與基本經典

天帝教特定經典是「皇誥」為道統始祖宇宙主宰玄穹高上帝聖號，皇誥全文為：慈心哀求「金闕玄穹主　宇宙主宰赦罪大天尊　玄穹高上帝」。二是「三期匯宗天曹應元寶誥」為天帝敕封諸上聖高真封號與其應元業事蹟。

（三）反省懺悔

人非聖賢，孰能無過。尤以今日社會道德沉淪，同奮處身其中謀生過活，難免有疏忽、錯誤之處，只要我們早晚反省一日之所作所為，有否違背自己所認識二十字其中二字？有過則自我嘉勉，期能日進於善，上天之至盼，就是要我們苟日新，日日新，又日新的日新其德。

（四）填記奮鬥卡

修道不是逃避現實，而是要我們現實奮鬥，所謂「我命由我不由天」是也。因此天帝教同奮必須積極地立善德、造功果，為國家前途及世界永久和平而祈禱奮鬥，貢獻心力。天帝教特訂多項目標奮鬥紀錄卡，由同奮忠實檢討自己每日奮鬥項目，逐項填記。每月十日以前，送寄教院呈光殿無形考核，以明心跡而求精進，以期達成聖凡平等、天人合一之最高目標。

六、迴向文：

迴向文之內容與本教之時代使命息息相關，應依本教最新公佈辦理。

迴向文有多項時，應依規定之次序逐一迴向，且每迴向一次，皆應叩首一次。

集體恭誦皇誥迴向文：

（一）小迴向文，每誦皇誥一遍，默誦迴向文一次：聖慈確保臺灣復興基地。

（二）帝教時代使命迴向文：願以此哀求為天下蒼生化延毀滅劫大地早回春。

（三）保臺護國和平統一迴向文（階段性任務迴向文）。

（四）天赦救劫祈願文（長期祈願天赦救劫之迴向）。

（五）特別迴向文（階段性、緊急性！特定目標性等迴向文）。

陸、結語

天帝之教，在昭示人類，宇宙上下應有統一之最高信奉對象為宇宙主宰；但是並不拘守一種宗教，人間所有宗教，照常運作，行道教化。在道統上廣義來說，雖然所有宗教徒皆是天帝信徒，但在程序上狹義來說，必須經過登記皈宗手續，舉行皈師儀式，方為天帝教正統教徒。

際茲人類生存在這樣空前絕後危險的環境，天帝教教徒咸應仰體天帝好生之德，為拯救天下蒼生，俾免空前劫運而奮鬥；一面力行人生守則，正己化人，為喚醒人心，從根自救，邁向精神重建、道德重整而奮鬥；一面致力於啟發人類擴大精神思想領域，為探討宇宙究竟而共同奮鬥。因此凡我信徒一律稱為同奮。共同為天地立心，為生民立命，為往聖繼天人實學，為人類開萬世太平而奮鬥。

使用書目

涵靜老人著，天帝教教義—新境界，臺北，帝教出版社，1995年11月30日再版。

天帝教極院道務委員會編輯，天人禮儀手冊（規範篇），臺北，帝教出版公司，民國96年9月三版。

教壇課程，南投，帝教出版社，民國89年7月31日初版。財團法人天帝教，師語，臺北，財團法人天帝教始院，民國77年12月。

財團法人天帝教始院，天帝教皈師的意義。

涵靜老人著，天帝教教綱，臺北，帝教出版社，民國80年7月。

天帝教極院編輯，天帝教初皈同奮必讀，臺北，帝教出版公司，2004年10月三版。

天帝教首席使者辦公室編印，天帝教答客問，民國83年5月5日版。第二屆生命文化系列：涵靜老人講座，2007年7月7日～8日。

鄭培凱主編，宗教信仰與想像，香港，香港城市大學出版社，2007年。天帝教簡介，南投，帝教出版社，民國91年4月修訂版。天人禮儀手冊，天帝教始院編印，民國82年1月修訂初版。

附錄一

天帝教教徒同奮仍可信仰原來的宗教

天帝就是人類共同信賴的上帝，亦是古代中國人以及許多世紀以來西方人共冊所稱的 上帝。天帝教尊奉的天帝，就是大宇宙的主宰，並是「天帝教」的教主，也是中國五千餘年來「齋戒沐浴，以事上帝」之上帝，也就是地球上整個人類共同信仰的上帝。

「天帝教」是以天帝「宇宙大道」為教化之根本。天帝之教，在昭示人類，宇宙上下應有統一之最高信奉對象，為宇宙大主宰，但是並不拘守一種宗教。因為人間所有宗教同出一源，先後均奉　宇宙主宰之命下降人間，生在不同地域民族，適應時代環境需要，創不同信仰救世渡人。在此人類毀滅迫在眉睫緊要關頭，地球上所有宗教追溯源頭於無形，同是一個道統，相逢於危急存亡之秋，自應認清時代使命，各自照常運作，行道教化，大家和衷共濟，同為拯救天下蒼生而奮鬥。

因此，本教教徒同奮一本道統根源，大家是一家人，仍可信仰原來宗教，即使對各教教義完全信仰，繼續深入研究，亦絕無矛盾、衝突之處。何況天帝教教徒以奉行「教則」—「二十字真言」（亦名「人生守則」）為日常修行之重要課程。這「教則」—「忠、恕、廉、明、德、正、義、信、忍、公、博、孝、仁、慈、覺、節、儉、真、禮、和」係彙綜各教教義之大成，本教同奮在皈宗後，即先選擇其中一字或兩字，為各自修養行道基本之準則，融會貫通，身體力行，亦即與其原來宗教在精神上是一貫的。因為各宗教教徒悲天憫人的胸懷，均承啟於各宗教教主之愛德，如：儒家之「仁義」；佛家之「慈悲」；道教之「清靜」；耶穌之「博愛」；回教之「清真」，均發自悲憫與仁愛。這與本教「上體天心之仁，生生不息之德，親親仁民，愛同胞，愛人類，愛生物」之一貫精神完全符合。因之，信仰本教之同奮，可以信仰原來之宗教，不但無矛盾、無牴觸，而且其脈絡與精神都是一致的，亦就是宗教大同，道本一源。

所以本教教徒只要奉行「教則」，心身遵守，實踐力行，融會貫通於日常生活中做人做事上，並持之以恆，信守不渝，自可貫通本教與原有宗教之精神，俾能早日促進「宗教大同」，與「世界大同」之實現，化弭浩劫於無形。

因此實現「二十字真言」—「教則」，正己化人，以宇宙為家，追求民族平等，宗教大同、世界大同為鵠的，以實踐三種奮鬥：（1）各自己奮鬥（2）向自然奮鬥（3）向天奮鬥為基礎，以聖凡平等，天人大同為終極目標的天帝教教徒，仍可信仰其原來的宗教，共同為化延世界核戰毀滅浩劫，追求人類永遠和平幸福而奮鬥。

天帝教駐人間首任首席使者涵靜老人李玉階

附錄二

學道則儀

學道須知道，掃淨六賊心，抱一深履進，真理自然明。
學道須樂觀，難得聚斯歡，生命本偶然，一覺勝萬貫。
學道須奮鬥，慧劍揮亂麻，常示不越範，天真永無邪。
學道須尊師，師為道之基，兢兢復業業，真道日新知。
學道悟平等，聖凡本同源，天人相親和，齊步登雲程。
學道須卓堅，焉懼神媒鞭，百磨我自在，畢證大羅仙。
學道須定靜，焉怕魔來侵，精究密中奥，永得清淨心。
學道須大同，無域亦無畛，永和無相悖，萬世慶昇平。
學道須了緣，我道本圓融，爾我不著相，大道一貫通。
學道須皈戒，戒為修身門，持乘進皈寶，道程日光明。
學道永無相，即辨真陰陽，能識固中玄，是道必大光。
學道無得道，放下萬緣空，一旦覺溢充，宇宙共始終。

道無為，理無窮，初學者難得知道知理。理之不知，道之不修，是為道賊；履道不持，進理不窮，盜名為道，是為盜道。凡我天帝教徒，必先行善積德，循乘而修，以入道、知道、信道、學道、辨道、親道、皈道、奮道、進道、悟道、傳道、證道為究竟。節慾制念，剛木狂訥，可與入道。修識教義，正心蓄銳，可與知道。純潔心念，萬緣俱寂，可謂信道。窮究真理，親和天人，可謂學道。百磨不折，邪念不移，名之辨道。卓持正見，參履正理，謂之親道。志心真理，絕堅不二，謂之皈道。與魔奮鬥，久持風濤，名之奮道。修命立性，定靜永安，是名進道。知天之真，知道之立，是名悟道。開化癡愚，引人入勝，是謂傳道。替天行道，化延末劫，廣宣教義，普濟蒼生，傳跡留形，日月詠春，是為證道，亦謂成道。循次以進，十年大成，雖不中亦不遠，師制如是，萬禩千秋。

蔡光思樞機介紹「選人生守則二字」

蔡光思樞機說明「天帝教皈師程序」

播放天帝教簡介專輯說明皈依程序

播放天帝教簡介專輯示範儀式進行

天主教

進入永恆的生命之門——天主教入門聖事

天主教入門聖事

天主教入門聖事科儀展演紀實

進入永恆的生命之門——天主教入門聖事

錢玲珠
天主教輔仁大學神學院禮儀研究中心主任

一九九四年的復活夜，我在輔仁大學淨心堂親身參與了一位九十多歲高齡的老人家，和出生未久的小娃兒一同領受洗禮的慶典。他們在生命的遲暮和黎明，都選擇了皈依基督，與基督同死同生，進入嶄新的永恆生命，和以基督為首的教會團體。他們進入了一扇門，一扇教會的門、天國的門。

門內門外，是兩個不同的世界：

門外，是黑暗、是無明、是絕望、是暫時；

門內，是光明、是智慧、是希望、是永恆。

這一扇門，是一個召喚、一個抉擇、一個許諾、一個實踐。基督以祂無邊無私、毫不保留的愛，震懾了我們、吸引了我們。我們不由得走近祂，接受祂的召喚，做了一個終生不悔的追隨祂的抉擇，接受洗禮，和基督同死、同生，獲享祂救恩的許諾，並在人間踐行天國，活出基督的愛來。我們的愛，也吸引人更願意認識基督，藉由入門聖事成為基督徒，於是，基督的福音逐漸廣揚，教會團體在質和量上，都不斷成長。

這個改變人的生命，以聖化世界為願景的「入門聖事」，包括：聖洗、堅振和感恩（聖體）聖事，是奠定基督徒生命的基礎。（註1）

教宗保祿六世在《分享天主性體》宗座憲令（1971.8.15）中說：

藉著基督的恩寵，人類分享天主性體，這與本性生命的肇始、發展和滋養有類似之處。信徒透過聖洗而重生；藉著堅振而堅強，並在感恩聖事中，領受永生之糧。如此，藉著基督

註1：《天主教教理》，1992，1210～1212號。

徒入門聖事，他們常能更豐盛地接受天主的生命，並且邁向愛德的成全。（註2）

當我們探究「入門聖事」的同時，入門慕道制度的整個過程及相關禮儀，也不可輕忽，因為入門前後的陶成，對教會的成長狀況、成熟程度，都影響甚巨。

一、入門聖事的意義

在歷代的禮儀書中，都沒有「入門」（initiation）一詞。它的外文字根原意是「開始」。一九六三年頒佈的梵蒂岡第二次大公會議《禮儀憲章》中，64～71節論及「入門聖事」，而在第65節，第一次出現「入門儀式」（Initiation Rites）的詞彙。（註3）一九七二年，它才正式出現在成人進入基督徒團體的禮典中，稱為《成人入門聖事禮典》（註4）。

雖然「入門」一詞在教會內出現的時間很晚，但「入門」的行動，卻早在初期教會宗徒時代就已存在。任何一位聽到福音、願意跟隨基督的人，都要經過洗禮，成為天主子民，進入基督的教會。而基督的救恩事件，正是整個基督徒入門聖事的核心意義。

耶穌基督以天主之子的身分，如一道皓光，降生人間。祂的降生奧跡，打破了人神的界線，為人間帶來天國的訊息，改變了整個世界。

在開始人間的使命之前，耶穌在約旦河接受洗者若翰的洗禮，成為後代所有基督徒洗禮的原型。（註5）祂在人間，顛覆當時的許多規範，以言語和行動教導人，讓人在自由中，經驗來自上主的愛。最後，更獻出生命，在十字架上毫不保留的自我交付，救贖還沈溺在罪惡中的人類，得以分享祂光榮復活的生命。祂的救恩，燭照萬世！

祂在受難、死亡、復活而又升天之前，曾囑咐門徒們：「你們要去使萬民成為門徒，因父及子及聖神之名給他們授洗。」（瑪28：19）因此，世世代代的基督徒，都努力答覆此一福傳的召喚和使命。

註2：同上，1212號；宗座公報（AAS）63（1971），657。

註3：《禮儀憲章》65節：「在傳教地區，除了基督的教會傳統，有關入門儀式，可以採用各民族所習用的方式，只要按照本憲章37-40節的規定，能夠適合教會禮節即可。」

註4：此禮典的拉丁原文是：Ordo initiationis christianae adultorum，簡稱OICA；英文則是Rite of Christian Initiation of Adults，簡稱RCIA。

註5：馬爾谷視耶穌的洗禮為基督徒洗禮的基本模型，請參閱：《馬爾谷福音》，1：9-11；Kilian McDonnell and George T. Montague, Christian Initiation and Baptism in the Holy Spirit: Evidence from the First Eight Centuries（Collegeville: The Liturgical Press, 1991）, p. 7.

二、入門聖事的簡史

始自初期教會，宗徒們就努力在各地傳揚福音，引人領洗入教。我們可以在記錄初期教會生活的《宗徒大事錄》中，看到許多例子。

而第一世紀末留下來的教會文獻《十二宗徒訓誨錄》（Didache），已經記錄了當時洗禮的樣貌。是在活水（流動水）中，以聖三之名施洗。在洗禮之前，施洗者、受洗者都當守齋，禁食一、兩天，（註6）這就是四旬期的源頭。可見，四旬期的緣起，就是為洗禮做準備。

150年左右，猶斯定在《第一護教書》六十一章中，陳述「準備洗禮」的四項本質：相信傳道員所教導的真理；承諾要遵照誡命來生活；學習祈禱，並請求天主赦罪；和學習守齋。並且在《與 Trypho 的對話》中，發展他的「洗禮」神學重點：赦罪、皈依、重生和光照，以及融入基督徒團體。

215年左右希波律的《宗徒傳統》，是第一個詳細描述當代之前相當繁複完整的「慕道過程」，和聖洗、堅振、感恩聖事三合一的「基督徒入門儀節」，及相關祈禱文的禮儀文獻。（註7）這份珍貴的文獻，深深影響了今天的成人入門聖事。

中世紀時，因為歐洲幾乎已經全面基督化，所以，嬰孩洗禮日益昌盛，成人洗禮就式微了。十九世紀開始的禮儀運動，以及許多史料的發現，促使梵蒂岡第二次大公會議，按當時的教會所需，重新提振興成人入門聖事，按照《宗徒傳統》的形式，恢復階段性的成人慕道期，「使這專門為接受適當訓練而訂的慕道時期，藉著逐次舉行的聖禮，而得以聖化。」（註8）

三、梵二的成人入門聖事

梵二大公會議時，修訂「基督徒入門聖事」的急迫性日益增加。因此，《禮儀憲章》，回應了這樣的匱乏，且站在教會現況的基礎上，遵循禮儀傳統，創造出適合今天的入門禮儀，開啟了歷史的新局。

梵二大公會議企圖重新找回「入門禮」的意義，並再次結合入門的三件聖事。因此，掌管全球天主教會聖

收錄禮——授聖經

註6：《十二宗徒訓誨錄》，是非常古老的著作，大約寫於第一世紀末的敘利亞。其中有兩段與洗禮相關：第七章和第九章。此處所引，是第七章之內容。

註7：請參閱：十五到二十二章。

註8：《禮儀憲章》，64號。

事禮儀事務的羅馬聖禮部，於一九七二年頒佈《基督徒成人入門聖事禮典》（RCIA），並於一九七四年修訂，其中，入門三合一聖事（聖洗、堅振和感恩聖事）的禮儀神學十分清楚。（註9）「成人入門過程」，分為三階段、四時期：問道期、求道期、明道期（四旬期）和習道期（釋奧期／復活期）。其間，跨越各時期的階段性禮儀慶祝是：收錄禮、甄選禮和入門聖事。

一、問道期

問道期，是初次宣講福音，把耶穌基督介紹給有意探索信仰的問道者，使之對基督有初步的認識和皈依。

（1）收錄禮

當問道者對教會和基督信仰有了初步的接觸，願意加深認識，並按福音精神來生活，就舉行「收錄禮」，正式進入「求道期」。

「收錄禮」是在教會團體中進行，最好是在主日感恩禮中，包括歡迎禮、聖道禮和遣散禮三部分，具有象徵意義非常豐富的禮儀行動。

1、歡迎禮

歡迎禮在聖堂門口舉行。問道者敲教會的大門，表達願意進入門內的渴望。陪伴他們的教友，要向教會團體介紹問道者。之後，教會以在問道者額頭上畫十字聖號的行動，第一次授予十字架這個天主愛的符號，也是救恩的記號。並贈予可以配戴在身上的十字架，邀請問道者背起自己的十字架，跟隨基督。

2、聖道禮

進入聖堂後，重點是聖道禮。從此刻起，問道者可以參與聖道禮，分享天主的聖言。讀經員最好能以遊行的方式將聖經帶進禮儀空間，在讀經臺隆重的恭讀聖言，聖詠員高聲詠唱答唱詠。在宣報福音之後，主禮以簡明的道理，闡釋收錄禮的意義和聖言對基督徒的重要性。

之後，主禮將福音書或聖經授予問道者，因為，此後的求道期，聖言將具有核心的位置。求道者將透過聖言，更認識基督和救恩史。

之後，整個教會團體為求道者祈禱。

註9：RCIA，7～13號。

3、遣散

最後，主禮遣散求道者。他們可以在陪伴者的陪同下，反省剛才經歷的「收錄禮」的意義和感受。

二、求道期

此後，問道者進入求道期，稱為「求道者」。求道期，是教理講授的核心時期，原則上，需要一年到一年半的時間。培育的重點包括：系統性地講授基督信仰的教義、鼓勵求道者參與聖道禮儀、幫助求道者活出倫理生活、教導求道者如何祈禱。當求道者真正聆聽了教會宣講的天主聖道、瞭解教義、心靈皈依、生活與價值觀改變，一心向主，願意活出福音精神，又深感願意追隨基督，成為祂的門徒之時，就可以表達希望接受聖洗的

美國華府教區甄選禮——主教代表教會接納候洗者

意願。教會若認為時機已經成熟，便接受求道者的申請，挑選他們成為候洗者。這個進入準備洗禮階段的儀節，就是甄選禮。

（2）甄選禮

甄選禮是一種堅定的決志，通常在四旬期第一主日舉行，最好由主教親自主禮。在《宗徒傳統》中，就清楚記錄，領洗之前，由主教親自驅魔，以瞭解候洗者是否潔淨，並給予教理講授。（註10）

筆者曾於二〇〇八年四旬期第一主日，在美國華府參與了當地的甄選禮，印象深刻！

禮儀分兩部分。前一部分，在各堂區進行。由本堂神父主持。先由慕道班負責人向本堂神父

註10：請參閱：《宗徒傳統》二十章。

推臺北總教區甄選禮——慕道班老師手捧「候洗者名錄」遊行進堂

薦渴望在復活夜領受入門聖事的求道者。然後主禮詢問代父母這些求道者是否已經準備好接受入門聖事？再詢問所有在場的信友團體，是否願意陪伴這些求道者一起做洗禮前最後的準備，並為他們祈禱？最後，請求道者在眾人之前，表明願意跟隨基督、加入教會的心意。

之後，主禮邀請這些求道者和代父母，在「候洗者名錄」上簽名，準備下午呈獻給主教。接著，整個信仰團體為這些求道者祈禱。這時，代父母要把右手放在求道者的右肩上，代表整個教會對求道者的支持。然後，遣散他們。

下午，在華府的國家聖殿（National Shrine），由主教親自主持教區的甄選禮。那是相當動人的場景！天主也給了我特別的恩寵，數十年來，只有那一年，華人團體正巧分配坐在偌大的國家聖殿的第一排，我因此可以用相機清楚記錄當時狀況。

因為華府的福傳成效卓越，候洗者多到可容納數千人的國家聖殿都坐不下，所以當天參與禮儀的，只有一半的候洗者，另一半，

臺北總教區甄選禮——主教歡迎候洗者

留待下週。

因為主角是候洗者，還未領洗，所以，甄選禮基本上是一個聖道禮，而非感恩禮。遊行進堂時，在輔祭的引導下，數十位慕道班負責人魚貫進入聖所，坐在右側。最後是教區的輔禮主教、執事和主教。

因為是四旬期，主教身穿紫色的圓氅衣，在主教座位致候。然後，是隆重的聖道禮。因為對象是候洗者，所以主教的道理十分淺顯易懂，除了解釋甄選禮的意義，也藉由美麗的禮儀空間，強調信仰的核心意涵。

之後，主教手持牧杖，親切地站在聖所高臺的中央，歡迎由各慕道班負責人唱名後走上來的每一位候洗者。國家聖殿的末端，是一幅巨大的基督君王像。當人群像潮水般一波波湧上聖所、走向基督時，真令人震撼！

待所有候洗者都已上到聖所，並讓孩子們站在隊伍的最前端，以確保他們看得見發生的一切，也被群眾看見，主教便站立在他的座位前，審查候洗者的資格。

陪伴求道者走過慕道過程的代父母，按照實情，回答主禮代表教會所提出的相關問題：求道者是否忠實地聽從了教會所宣講的天主聖道？開始遵行接受的聖道，度接近天主的生

活？參與教會團體的生活，熱誠的祈禱，並友愛兄弟姊妹？（註11）

當代父母肯定求道者都已符合受洗者的要求之後，主禮就接納他們成為候洗者，並要求代父母繼續陪伴他們，在四旬期，為洗禮做最後準備，等待復活夜接受洗禮，和基督同死同生。

之後，全體一起為候洗者祈禱。

然後，所有的候洗者，又波濤洶湧地回到座位。這麼動人的甄選禮，讓人看到有這樣多人都堅定地選擇跟隨基督，也看到了教會的共融。更見到教會生生不息的生命！

二〇一一年四旬期第一主日，臺北總教區也由洪山川總主教主持了教區性的甄選禮，是一個重要的歷史紀錄。（註12）

兩百多位候洗者和代父母，由25位堂區慕道班負責人及各堂區神父、教友陪同，前來參禮。在主教座堂，溫馨、共融、感人地慶祝了五十年來臺北總教區第一次教區性的甄選禮，寫下了本地教會入門聖事史上的新頁！

下午三點整，禮儀開始。遊行隊伍依序進堂。在輔祭的前導下，25位堂區慕道班代表，莊重的捧著「候洗者名冊」進場，十分醒目。

聖道禮儀中，總主教講道，為準候洗者做一次有力的教理講授。總主教輕鬆幽默又饒富深意地闡釋了今天宣報的聖經經文之精義，且輔以時事佐證，並將之與入門聖事相連結。最後，總主教期待各位準候洗者的生命，都能有180度的大轉變，生命中，不求奇蹟和特權，跟隨基督，高興且堅定的接受基督的福音（好消息），永遠和基督同在，這就是基督送給各位的最大的禮物！

靜默片刻之後，就是甄選禮。各位準候洗者依序在代父母陪同下前來，主教親切致意，並送給每位準候洗者一份禮物。遇到孩童，總主教微俯身軀，親拍他們的臉頰；遇到乘坐輪椅的朋友，總主教也走下臺階來問候。這時，優美的管風琴曲流溢而出，迴盪在整個禮儀空間中。

經過徵詢、表明意願、呈上「候洗者名錄」、宣佈錄取候洗者之後，總主教再一次勸勉代父母，要肩負責任。其後，全體一起為候洗者祈禱。願他們都能享受祈禱的喜樂，勤讀聖言、歡居在聖言中，奉獻工作成為祭品，戒避罪惡，純淨度日、努力行善，並將信仰的喜樂，分享給別人。候洗者都認真肅穆地接受大家為他們的祈禱。

註11：RCIA，144號。

註12：請參閱：錢玲珠，〈邁出救恩的腳步，寫下入門的新頁——臺北總教區甄選禮紀事本末〉，《天主教周報》，130期，2011.03.20出刊，12～13版；禮儀研究中心網頁：http://www.catholic.org.tw/theology/public/liyi/topics/sacrament/initiation/。

最後，主教遣散候洗者，為教區甄選禮畫下圓滿的句點。

三、明道期

整個四旬期，都是明道期。根據教廷頒佈的《禮儀年曆管理規程》27號，四旬期的目標，是整個教會陪伴候洗者做洗禮前最後階段的準備，並以紀念自己的洗禮和悔罪皈依來準備慶祝逾越奧跡。（註13）

因此，在大約40天的四旬期中，我們都要全力以善表和祈禱，幫助候洗者。在這期間，候洗者要接受三次懇禱禮和授予經文（信經、天主經）禮。四旬期甲年主日福音的安排，是為了候洗者的洗禮做準備。因此，即使當年是禮儀年的乙年或丙年，但堂區有候洗者時，第三、四、五主日，都要選用甲年的主日聖道禮儀經文，以配合懇禱禮。

二〇一一年教宗本篤十六的四旬期文告《你們因聖洗與祂一同埋葬，也因聖洗與祂一同復活》中，就言簡意賅地陳明了四旬期甲年選讀的福音之精神及其與聖洗的關係。

第一主日，甲、乙、丙三年的福音，讀的都是耶穌三退魔誘的故事（瑪4：1～11；谷1：12～15；路4：1～13）。耶穌在約旦河受洗後，就被聖神帶到曠野，禁食、祈禱40天，為祂的公開使命生活做準備。之後，受到魔鬼的試探，耶穌卻一一戰勝了魔鬼在物質、虛榮、等事物上的誘惑。清楚指明，上主是唯一崇拜與依靠的對象。

第二主日，三年的福音，都是耶穌顯聖容的故事（瑪17：1～9；谷9：2～10；路9：28b～36）。耶穌在山上顯聖容，預示了祂復活的光榮。這光榮，是跟隨祂的人將來也要分享的。若是和上週的主日福音合起來看，我們知道，凡是跟隨耶穌，在人間旅途中，不斷戰勝各種誘惑，堅持行走上主之道的人，將來，也要和祂一起共享天國的光榮。

接下來的三個主日，要舉行三次懇禱禮。

懇禱禮

懇禱禮應在四旬期第三、四、五主日感恩禮的講道後舉行，若有需要，也可在四旬期其他主日，甚至平日舉行。（註14）懇禱禮，是「教會藉『驅邪禮』及祈禱，幫助候洗者澄清思想、淨化心靈、力敵誘惑，正心誠意，堅定志向，因而加深對基督的信賴，並努力學習敬愛天主。」（註15）目的有二：使候洗者逐漸認清罪惡的奧秘，並使他們的身心完全皈依基督，因為基督

註13：Norms Governing Liturgical Calendars, 1984, no. 27；羅國輝，《踰越》（香港：公教真理，1988）3～22頁。
註14：RCIA導言，52號。
註15：RCIA，154號。

是活水、光明、復活和生命。（註16）懇禱禮該舉行三次，如有嚴重理由，主教可豁免一次；在非常情況下，甚至可豁免兩次。意思是，至少要做一次。（註17）

第三主日的福音是耶穌和撒瑪黎雅婦人在井邊談話的故事（若4：5～26，39～42）。這是一段內容非常豐富的聖言，簡言之，耶穌向撒瑪黎雅婦人，也向所有的人揭示：我是湧流到永生的活泉，喝了，再也不渴！我們也都當像撒瑪黎雅婦人一樣，急切地渴求賜下這永生之泉！洗禮的水，象徵恩寵的來源。受過洗的人成為新聖殿，以心神、按真理，朝拜天上的父！

福音和第一篇讀經（出17：3～7）相呼應：曷勒布山的水救了沙漠中的人民。對受過洗禮的人說來，天主的愛經由聖神，傾注在他們的心中（羅5：1～2，5，8，第二篇讀經）。

懇禱禮是在講道之後進行。代父母和候洗者一同站在主禮前。候洗者可以俯首或跪下。在結束禱詞中，提及更新生命和治癒的活水。（註18）然後，遣散候洗者，開始聖祭禮。

第二次懇禱禮，在四旬期第四個主日舉行。耶穌治癒胎生瞎子的故事（若9：1～41），告訴候洗者將發生在他們身上的事：他們的眼睛被打開，從黑暗過渡到光明，而他們也將成為光明。如同達味被挑選、傅油成為國王（撒上16：1-4，6～7，10，13，讀經一），接受洗禮的人也被天主挑選、傅油。受洗者由死亡中被高舉，耶穌會給他光明（弗5：8～15，讀經二）。

和在第三主日舉行的第一次懇禱禮一樣，驅魔的禱詞中提到胎生瞎子，及入門聖事所帶來的光明。（註19）

第三次懇禱禮的儀節相同，在四旬期第五主日舉行。讀經的重點是候洗者所追尋的目標。福音是耶穌復活拉匝祿的故事（若11：1～45），這是基督復活的預象，所有受過洗禮的基督徒，同樣被召喚度新生命。第二篇讀經提到使耶穌從死者中復活的聖神，也住在我們內（羅8：8～11）。驅魔禮的禱文重複這些主題。

就在這三次懇禱禮中對基督是活水、光明、復活和生命的體驗，幫助候洗者一步步更深地走向洗禮的奧秘。

授予經文禮

「授予經文禮」，可以在「求道期」或「明道期」舉行。這是「教會把信仰和祈禱的古

註16：同上，157號。
註17：RCIA導言，66～3號。
註18：RCIA，162～164號。
註19：同上，167～172號。

老憑證，即『信經』和『天主經』，傳授給候洗者，以光照他們。信經，紀念天主為拯救人類而施行的奇妙化工，使候洗者的眼目充滿信德之光和喜樂。在天主經中，他們更深地體驗做天主子女的新精神，尤其在感恩聚會時，稱天主為父親。」（註20）

若在「明道期」舉行，「授予信經禮」通常是在第一懇禱禮之後的一週內舉行。（註21）所有選讀的經文都要和信仰有關，並為候洗者祈禱。

而「授予天主經禮」則是在第三懇禱禮之後的一週內舉行，（註22）其中有幾篇相關的讀經可供選擇。「授予天主經禮」，通常會宣讀瑪竇福音第6章9～13節。最後，主禮邀請大家為候洗者祈禱。

「入門禮」前的最後準備禮

在候洗者進入教會大門之前，還有一些最後準備的儀節。如果在聖週一、二、三或六，能夠邀集候洗者來參與避靜或祈禱，以準備領受入門聖事，最理想不過。可以由主教、神父或執事，舉行下列的全部或部分儀節：公誦信經、朗誦信經、開啟禮、選聖名、傅候洗聖油。（註23）

（3）入門聖事

完整的「入門聖事」，包括聖洗、聖振和感恩聖事，三者之間，緊密關聯。復活夜是整個禮儀年中，最適合舉行入門聖事的時刻，因為最清楚的表達出洗禮，是與基督一同埋葬，也一同復活的真義！（羅6：3～11）這也是整個入門過程和儀節的高峰。

始自初期教會，無論是成人或孩童，入門聖事都是三合一的聖事，直到大約十三世紀末，才逐漸分離，將孩童的堅振聖事，延遲到感恩聖事之後，顛倒了入門聖事的次序。

但梵二極力強調與要求，成人入門聖事，一

註20：RCIA導言，25～2號。
註21：RCIA，186～187號。
註22：同上，188～192號。
註23：同上，193～207號。

聖洗聖事

定要三合一，「成人領洗以後若不立刻領堅振，就不可以為他付洗」。（註24）

入門聖事的過程是這樣的：

聖洗聖事（註25）

聖洗聖事的開始，主禮邀請信友一起為候洗者祈禱，全體信友以「諸聖禱文」和天上的所有聖人，一起共禱。禱文中，要包括候洗者的主保聖人、聖堂主保、和地方主保。伴隨著「諸聖禱文」的唱誦，候洗者由代父母陪同，在復活蠟的引導下，遊行到聖洗池，環立在聖洗池四周，但注意不要阻擋信友的視線。

之後，舉行聖洗聖事，包括幾個主要儀節：

（1）祝福聖水禮

主禮先要祝福洗禮用的水。「祝福聖水禮」的禱文十分優美，又深富神學意涵，是活生生的教理。在歷史中，天主以各種不同的方式賜下恩寵，表達聖洗的預象，因此，祝福水的禱文追憶：創世紀中聖化的水、消滅人類罪惡的滅世洪水、使以色列子民掙脫奴役的紅海的水、耶穌接受洗禮的約旦河水、十字架上的耶穌肋旁流出的血水，以及聖神降臨的聖洗之

水……等。（註26）

（2）棄絕罪惡（註27）

候洗者在洗禮前，要表達棄絕罪惡的決心。禮書中，提供三種「棄絕罪惡」的方式，可供選擇。

第一式最簡單，主禮只問：「你們棄絕魔鬼，及它的一切行為和誘惑嗎？」候洗者簡單的回應：「棄絕。」

第三式很具體，有三重問答，所以較多人使用：

主禮：為了度天主子女的自由生活，你們

註24：RCIA導言，34號。
註25：請參閱：RCIA，210～226號。
註26：RCIA，215號。
註27：同上，217號。

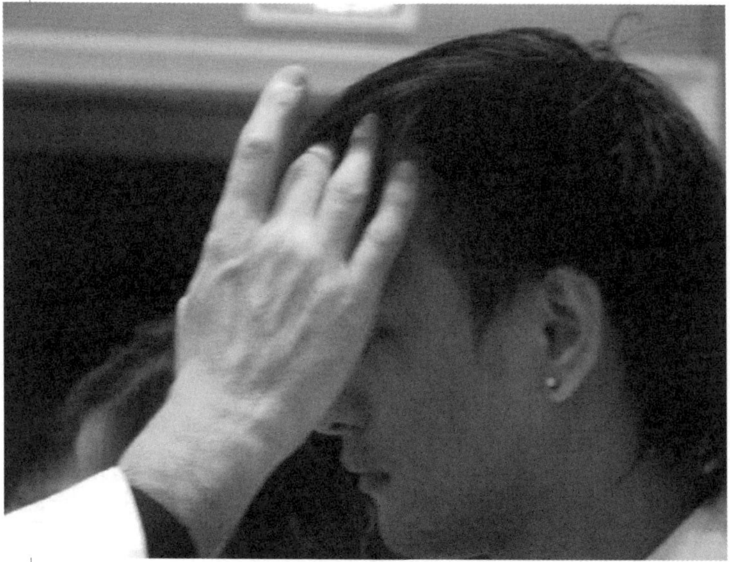

堅振聖事

棄絕罪惡嗎？

答覆：棄絕。

主禮：為了脫離罪惡的奴役，你們棄絕邪惡的誘惑嗎？

答覆：棄絕。

主禮：你們棄絕萬惡之源的魔鬼嗎？

答覆：棄絕。

（3）信仰宣誓

在棄絕罪惡之後，主禮以詢問的方式，讓候洗者三次表達對聖三（聖父、聖子、聖神）的信仰，這是基督宗教信仰的根源和核心。

主禮：你信全能的天主聖父創造了天地嗎？

答覆：我信。

主禮：你信我們的主耶穌基督，天主的獨生子，由童貞瑪利亞誕生，受苦受難，死而復活，現今在天上享受光榮嗎？

答覆：我信。

主禮：你信聖神，聖而公教會，諸聖的相通，罪過的赦免，肉身的復活和永恆的生命嗎？

答覆：我信。（註28）

（4）洗禮（註29）

在公開棄絕罪惡和宣認信仰之後，候洗者就領受洗禮。洗禮，有「浸洗」和「注水」兩種方式可以選擇。

浸洗，原則上是候洗者浸入聖洗池中，當主禮說：「〇〇（聖名），我因父、及子、及聖神之名，給你授洗」時，三次將候洗者按入水中，沒頂。這樣的洗禮方式，更能充分表達洗禮是與基督同死同生的意義。

當施行浸洗有困難時，也可以選擇注洗的方式。注洗，是主禮由聖洗池中取水，在因聖三之

感恩聖事

註28：同上，219號。
註29：同上，220～222號。

名施洗時，三次將水灌注在受洗者的頭上。

洗禮時，代父母會把右手放在候洗者的右肩上，表達整個教會的支持。

當新教友由聖洗池中出來時，信友們以歡呼或歌曲來表達喜悅之情。因為，一位新人在教會團體中誕生了！整個教會家庭都歡欣鼓舞的歡迎他們的加入！

（5）領洗後傅油禮（註30）

在第三世紀的《宗徒傳承》中，已有這個傅油儀節。

神父將「聖化聖油」傅在新教友的頭上，表達其聖事性，強調領了洗的基督徒，就成為天主子民，分享基督「司祭」、「先知」和「君王」的光榮職位。（註31）

但和古老的傳統不同的是：如果「堅振聖事」緊接在洗禮之後舉行，就取消領洗後的傅油禮。

（6）釋義禮

之後，是兩個詮釋聖洗意義的釋義禮：「授新衣」和「授光」。

「授新衣」，是呼應聖保祿宗徒的神學：「你們凡是領了洗歸於基督的，就是穿上了基督」（迦3：27），以及「脫去舊人，穿上新人」（弗4：21～24）。所以，新教友在洗禮後，由代父母為他們穿上一件新衣，象徵成為一個在恩寵中的新創造。若是此新衣是白色的更好，同時提醒這位新人，要常保持洗禮時的潔淨無玷。（註32）

「授光」，是主禮邀請代父母由復活蠟點燃蠟燭，並交給新教友。因為他們「已在基督內成為光明，應常勉勵自己善度新生，有如光明之子」。（註33）

堅振聖事（註34）

「堅振聖事」，通傳五旬節（聖神降臨節）的恩賜，使聖洗聖事達至圓滿；同時，體現基督徒在聖神內的生活；並邁向預許的天人的末世共融。通常在「聖洗聖事」之後立刻舉行，以示和「聖洗聖事」的密切關係。

授予堅振聖事，是主教職權，如果主教不在現場，可以指派神父主持堅振禮儀，以彰顯「聖洗聖事」、「堅振聖事」和「感恩聖事」的緊密關聯。

註30：RCIA，224號。
註31：同上，33號。
註32：同上，225號。
註33：同上，226號，授光的經文。
註34：同上，227～231號。

堅振聖事的步驟是這樣的：

（1）導言：主禮先對新教友做一簡短導言，說明領受聖神的意義。

（2）祈禱：主禮邀請參禮的信友，一起為準備接受堅振聖事的新教友祈禱。

（3）覆手禮：主禮為領受堅振聖事的新教友覆手，伴以禱文。（註35）

（4）傅油禮：主禮以「聖化聖油」，在領受堅振聖事者的額頭上畫十字，（註36）並配合著「請藉此印記，領受天恩聖神」的話語。此時，代父母要將右手放在領受聖事的代子女的右肩上。

領受了「聖化聖油」後，要讓聖油逐漸滲透進肌膚中，表示聖神逐漸融入新教友的生命中。

感恩聖事（註37）

梵二的入門聖事禮典和《宗徒傳承》不同，沒有特別在聖祭禮中詳細描述初領聖體的儀節。但是，不要忽略了，感恩聖事是入門聖事的高峰和圓滿。

感恩聖事的結構，有兩大主體，「聖道禮儀」和「聖祭禮儀」，再加上開始的進堂式和結束的禮成式。入門聖事，是在聖道禮儀的講道後舉行。在聖洗和堅振聖事之後，接著是信友禱文，之後進入聖祭禮儀。其中有幾處最好是保留給新教友來擔任：

（1）這是新教友第一次以司祭職的身分參與信友禱文，為世界的需要祈禱。可以由他們帶領大家一同祈禱。

（2）預備禮品時，可由第一次參與聖祭禮儀的新教友代表大家獻上餅和酒，表達這是全體信友的生命和生活的祭獻。

（3）在領聖體之前，主禮可以特別為初領聖體的新教友簡單提示感恩聖事的偉大奧蹟：

各位新教友，現在你們要首次領受基督的聖體聖血；這是新而永久的盟約的祭品。你們藉此而參與這盟約，並與基督圓滿地結合為一。從今以後，你們要肖似你們所領受的，在生活中奉獻自己，做救世祭品。（註38）

註35：覆手禮，通常是呼求聖神來臨的外在標記。
註36：若是能將聖化聖油傾注在領受堅振者的頭上，更能表達出來自聖神的豐沛恩寵！
註37：RCIA，232～234 號。
註38：上海版《甲年主日彌撒經文》，P. 235。

之後，新教友由主禮手中，初次領受基督的聖體、聖血，與基督的體血生命和整個教會完全共融合一。新教友的家人、代父母，也陪伴新教友一起領受基督。

新教友，接受了聖洗、堅振和感恩聖事，完成了「入門聖事」，進入了救恩之門，也展開永恆的生命之旅。

四、習道期

入門聖事之後，教會還在五十天的復活期中，為新教友準備了習道期，（註39）幫助他們融入教會團體，並瞭解、體驗聖事生活。

根據古老的傳統，在復活期的主日感恩禮中，要為新教友安排特別的位置，代父母要陪伴新教友一起參與禮儀。講道和信友禱文中，都會提到新教友，特別為他們祈禱。

若能在復活期的結束，也就是聖神降臨節，主教親自接待這批新教友，為他們主持感恩聖事，給予勸勉、鼓勵和關懷，為「習道期」，也是整個慕道過程，畫下完美的句點，是最理想不過了！

註39：RCIA，235～239號。

五、結語

「聖洗」和「堅振」，體現了「基督死而復活」的逾越奧蹟，以及「聖神降臨」的救恩事件。亦即透過聖洗和堅振，基督徒進入救恩的核心事件中，「與基督同死同生，進入聖神內的生活」。最後，更藉聖體（共融）聖事，完全與基督結合，進入基督的生命和使命。

簡言之，聖洗，是帶來基督徒新生命的開展；堅振是堅強這生命，賦予力量（恩寵）；而感恩（聖體）聖事，是繼續滋養這在聖神內生活的生命。

當人經過入門聖事，成為天主子民，獲得新生，並憑藉聖神的恩寵和聖事的滋養，不斷在生活中更新自己，活出聖事的精神來，那麼，每位基督徒和教會都能不斷成長，不僅聖化自己，也使人間成為正義、和平的天國！

參考書目（註39）

經典

《聖經》，思高版，1968。

禮儀文獻

《十二宗徒訓誨錄》，90年代。

猶斯定，《第一護教書》，150 年左右。
希波律，《宗徒傳統》，215 年左右。

教會文獻

《禮儀憲章》，1963。
《禮儀年曆管理規程》（Norms Governing liturgical Calendars），1984。
《天主教教理》，1992。

教會禮典

《成人入門聖事禮典》，1974。
《甲年主日彌撒經文》，上海版，1995。

當代著作

羅國輝，《踰越》，香港：公教真理，1988。
McDonnell, Kilian and George T. Montague. Christian Initiation and Baptism in the Holy Spirit: Evidence from the First Eight Centuries. Collegeville: The Liturgical Press, 1991.
錢玲珠，〈救恩在人間——決志跟隨耶穌〉，《天主教週報》，129 期，2011.03.13 出刊，12～13 版。

〈邁出救恩的腳步，寫下入門的新頁——臺北總教區甄選禮紀事本末〉，《天主教週報》，130 期，2011.03.20 出刊，12～13 版。

輔仁大學神學院禮儀研究中心

地址：新北市新莊區中正路 514 巷 103 號（242）

電話：886-2-29017270 ext 153/164 傳真：886-2-2903-2153

e-mail：lc@mail.fju.edu.tw

Website: www.catholic.org.tw/theology/public/liyi

真理電台禮儀節目：http://www.tianzhu.org/ →叫我基督徒→喜悅的慶祝／高唱新歌

光啟社「每日讀經」節目：http://flv.kuangchi.com.tw/everyjing/everyjing_32.html

天主教入門聖事

李紅珍
輔仁大學軍訓室輔導老師

教會的聖事，是耶穌在十字架上贖世犧牲的成果，由耶穌建立的共有七件，就是聖洗、堅振、感恩（聖體）、懺悔（和好）、病人傅油、聖秩以及婚姻。七件聖事代表天主教會內七個獨特的行動，涉及基督徒生命中的所有階段，以及一切重要時刻。

七件聖事分成三大類，其中有三件聖事稱之為基督徒入門的聖事（聖洗、堅振、感恩「聖體」）；兩件聖事是治療的聖事（懺悔「和好」、病人敷油）；另兩件聖事是信徒的共融和服務的聖事（聖秩、婚姻）。

天主教會相信，以上七件聖事都是主耶穌因祂十字架上的犧牲和復活，把恩寵傾注在人身上，七件聖事亦伴同基督徒的一生。當人願意相信天主和領受祂的恩寵，教會就按耶穌的

意願施行聖事，分施耶穌為人帶來的恩寵。當然，這不是領受恩寵的唯一方式；當人有信德，全心信靠天主，天主亦有祂的方法帶給人恩寵。但天主教會認定這七個獨特的行動，視這七件聖事為神聖的，是耶穌親自創立並留給教會的，是教友領受恩寵最普遍和最通常的方法。

關鍵詞：七件聖事、入門聖事、聖洗、堅振、感恩（聖體）

基督徒入門聖事

天主教的七件聖事代表天主教會內七個獨特的行動；基督徒入門聖事有三：聖洗、堅振和感恩（聖體），基督徒入門禮的完成在於領受三件聖事，這三件聖事奠定整個基督徒生命的基礎。藉著耶穌的恩寵，人類分享天主性體，這與本性生命的肇始、發展和滋養有類似之處。信徒透過聖洗而重生；藉著堅振而堅強，並在感恩（聖體）聖事中領受永生之糧的滋養。如此，藉著基督徒入門聖事，他們常能更豐盛地接受天主的生命，並且邁向愛德的成全。

一、聖洗聖事「再生的聖事」

第一件入門聖事的名稱：聖洗聖事，俗稱「洗禮」。是耶穌建立的第一件聖事，在這聖事內，天主首先赦免人的一切罪過，祖傳的原罪，個人犯的本罪，以及因罪而應受的處罰；然後，提升我們，使我們分享祂天主性生活，參加祂在世的教會大家庭，成為其中的一員。為此，洗禮也稱為「再生的聖事」。（註1）

（一）洗禮的主要意義

在耶穌以前，許多宗教就有了洗禮，但那只一種洗潔儀式。耶穌建立聖洗聖事它不只是外在的洗潔，而是象徵相信並踐行天主福音的人，天主真正洗淨他靈魂的罪污：原罪、本罪及由罪而帶來的處罰，恢復人在受造之初的本來面目。因相信並踐行天主的話進入耶穌所創立的教會大家庭，可見洗禮形同再生。（註2）

舊約裡有許多聖洗的預象：水被視作生命與死亡的泉源；諾亞方舟，藉水而獲救；越過紅海，讓以色列擺脫埃及的奴隸生活；橫渡約旦河，引領以色列進入許地，永生的預象。（註3）

所以聖保祿稱受過洗的人，是和耶穌一起死了，埋葬了，然後一起復活了，有了一個新生命，成為新人，新受造物。（格後：五．17；弗：二．15）也就是代表人願意完全跟隨耶穌，願意加入信主的人的團體，過這個團體的生活方式。

最古老舉行洗禮用的是信經，因為洗禮是「因父、及子、及聖神之名」（瑪28:19）而施行的，受洗者在領洗時所宣認的信仰真理，是根據與天主聖三的關係。（註4）聖洗使人在耶穌內得到新生，按耶穌的意思，這為得救是必需的，就像教會是必需的一樣，洗禮使我們加入教會。

為什麼要浸洗呢？試問：大家是否有溺水的經驗？或者有游泳憋氣的經驗？想像那種窒息的感覺？是否覺得接近死亡？而當你重新又呼吸到新鮮空氣時，是否有重新活過來的感覺呢？

洗禮就是要受洗者體驗什麼是「死亡與復活」。當受洗者浸入水中時，意識到他真正的參與了基督的死亡和埋葬；當從水中出來的時候，正是像基督一樣由死亡中復活，進入永恆的生命。所以，這樣「出死入生」的受洗禮儀，通常是安排在復活夜的禮儀中，才最能顯示

註1：范普厚，天主教中國主教團教義委員會，《天主教信仰簡介》，臺北：天主教教務協進會出版社，1978年10月初版，頁85。
註2：范普厚，天主教中國主教團教義委員會，《天主教信仰簡介》，臺北：天主教教務協進會出版社，1978年10月初版，頁86。
註3：天主教臺灣地區主教團，《天主教教理簡編》，臺北：永望文化事業公司，2011年2月，頁80。
註4：天主教臺灣地區主教團，《天主教教理簡編》，臺北：永望文化事業公司，2011年2月，頁19。

出其內涵意義。

由上述可知洗禮的意義「出死入生」，經由浸洗更能體驗。那麼為什麼今日的洗禮變成了注水式呢？那是教會到第八世紀末時，歐洲幾乎全都是基督徒了，不再需要成人洗禮（因為嬰兒時都已受過洗），成人慕道及浸洗式微了。所以，梵二以後，教會要求復興四旬期的精神、成人慕道，當然也要求洗禮能更表達出「出死入生」的意義！

（二）洗禮的主要儀式

洗禮的主要儀式是施洗者在領洗者的額頭上倒水，同時唸以下經文：「某某，我因父、及子、及聖神之名給你付洗。」但為使領洗者更能明瞭洗禮的真義，因而也更妥善地準備自己，在主要儀式之前尚有一些頗富教育意義的準備，領洗的先決條件就是信德，信德是內心的一種堅決態度，是一種生活方式，要求人徹底革新，棄邪歸正，皈依天主，信從福音。故此，悔改是信德的基本因素。這種完整的信德，在慕道期加以培育，在洗禮中完成，並在洗禮後發育和成長。（註5）

初期教會的候洗者，在經過了嚴格的慕道過程及通過教會的審核後，候洗者要在流動的活水（如河川、山澗、瀑布）旁，堅決地棄絕罪過，然後藉著宣認信德而接受洗禮（浸洗）；

首先詢問候洗者是否相信天主聖父創造天地……，在回應「相信」後，將他浸入中；再詢問他是否相信耶穌基督天主子降生成人、死而復活……，在回應「相信」後，第二次浸入水中；最後詢問他是否相信聖神、聖而公教會……，他回應「相信」後，第三次浸入水中。

現今聖洗聖事的主要儀式是：主禮的人（大多是神父），把祝福過的水讓受洗者三次倒水在頭上，（水應該要經過額頭），同時口唸：「某某，我因父、及子、及聖神之名給你付洗。」亦有「浸洗」（全身沒入水中）的方式，三次浸入水中，當然，經文亦一樣。另外，在緊急情況，例如病危時，可以無須經過學習道理而立即付洗。（瑪28：16～20）

（三）洗禮的效果及重要

洗禮的恩寵相當豐富，聖洗赦免原罪和一切本罪，及應受的罪罰；獲得新生命，使人成為天主的義子、耶穌的肢體、聖神的宮殿。因此受洗者加入教會——耶穌的身體，分享耶穌的司祭職，並建立起所有基督徒共融的基礎；賜予（信、望、愛）三超德和神聖的恩賜，受過洗的人被蓋上永不磨滅的印記（神印）。（註6）

信德：使人對天主有新的認識，因而一心信賴天主；望德：使人將一切寄託於全能的天

註5：范普厚，天主教中國主教團教義委員會，《天主教信仰簡介》，臺北：天主教教務協進會出版社，1978年10月初版，頁86。
註6：天主教臺灣地區主教團，《天主教教理簡編》，臺北：永望文化事業公司，2011年2月，頁82。

主，因而給予新的勇氣和精神；愛德：使人以超性的新方式，愛天主如慈父，愛別人如同自己，因而永遠生活在愛的氣氛內。（註7）

「人除非因水及聖神而生，不得進入天主的國。」在一般情形下，為得救升天，水的洗禮是絕對需要的。但在特殊情形下，「願洗」及「血洗」跟「水洗」發生同樣的效果。所謂的「願洗」就是說慕道者或任何人，即使未認識基督及教會，但受到恩寵的推動，誠心尋求天主，並努力承行祂的旨意的人；「血洗」就是一個人為了耶穌的緣故殺生成仁，以自己的血給耶穌做見證。這兩種人死後，必能得救升天。（註8）

洗禮只能領一次，因為它在人靈魂上印上一個不能磨滅的印號。聖洗在人靈魂上烙上一個不能磨滅的印記，使受洗者祝聖為基督宗教敬禮的人。因為有此烙印，洗禮因而不能重領。天主教也承認幾個基督教大的教派洗禮是有效的，如長老會、聖公會、路德會等等，由這些教派轉而參加天主的教會，不須再領受聖洗聖事。

而那些為信仰而死的人，慕道者和一些雖不認識教會，卻在聖寵推動下真誠追求天主並努力履行天主旨意的人，雖然沒有受洗，亦能得救。當代神學家稱這些人為無名的基督徒，他們沒有基督徒的名義，卻真實的生活出了基督徒的德行，比如中國的哲人以及我們所感恩敬愛的祖先們，他們都有可能得救。

（1）成人的洗禮

領受聖洗聖事的成年人，要先用一年至兩年學習天主教的教理（道理）和基督徒的生活方式。由教會創始之初起，在福音新傳的地方，成人受洗是最正常的情況。準備成人受洗的慕道團，佔有重要的位置。

慕道團是要準備慕道者（學道者）接受天主在聖洗、堅振及（感恩）聖體聖事中賦予的恩賜。慕道團的目標，在於幫助慕道者回應天主主動的召喚，並融合於一個教會的團體，帶領他們走向成熟的皈依及信仰的生活。

（2）嬰兒、幼兒洗禮

所謂幼兒或嬰兒，是指那些尚未到達辨別善惡的年齡，不能擁有也不能明認自己信仰的孩子。遠自初世紀，就已經給成人和幼兒授洗。因為天主說過：「人除非從水和聖神重生，不能進入天主的國」。教會因此一直瞭解，不可剝奪嬰、幼兒受洗的權利，因為他們是在教會的信仰中而受洗，這信仰由父母代父母、和其他在場的人代替嬰、幼兒所宣佈。對於沒受洗而死去的嬰兒，教會禮儀邀請我們信靠天主的仁慈，並為他們的得救而祈禱。在必要時，

註7：范普厚，天主教中國主教團教義委員會，《天主教信仰簡介》，臺北：天主教教務協進會出版社，1978年10月初版，頁82。
註8：天主教臺灣地區主教團，《天主教教理簡編》，臺北：永望文化事業公司，2011年2月，頁81。

任何人都能施洗，只要有意遵照教會的規定，舉行洗禮儀式。

對於嬰兒、幼兒洗禮，儀式是一樣的，嬰兒出生，是屬於一個「家庭團體」；若這家庭本身又是一個「教會團體」，一個基督化的團體，嬰兒便應也屬於這個「教會團體」，才算圓滿，所以父母的信仰，是嬰兒領洗的必要條件。不過待那嬰兒長大後（開始讀小學），家長應帶已領洗的子女加入「主日學」，學習天主教的教理。

如果信仰就是生活，生活就是信仰，那麼，父母在教養子女做人的過程中，一定也要教他們做教友，教他們信仰。如果信仰要靠信仰行為（例如：讀經、祈禱等）去滋養，那麼，父母就有責任教他們這些信仰行為，和使他們養成信仰習慣，使能滋養他們的信仰，提升他們的生活。於是嬰兒就在信仰行為（如：祈禱）的薰陶和潛移默化下，培養了信仰，塑造了愛主、愛人、服務、寬恕的基督徒人生觀和性格。

為了完成聖事的真實性，幼兒日後必須在其賴以受洗的信仰中接受教育，昔日所領受的聖洗，正是這教育的基礎。嬰、幼兒該受的基督徒宗教教育，正是要逐漸引領他們學習認識天主與瞭解天主和他們的關係，及天主對他們的計畫，有一天他們能完全地接受、徹底的肯定他們在領洗時所接受的信仰。

二、堅振聖事—「超性生命的成長」

洗禮是超性生命的誕生，堅振就像洗禮一樣，也在信友靈魂上烙下神聖的標誌，或稱「不滅的印記」；因此一生中也只能領一次堅振，一般是在到達能運用理智的年齡時領受堅振聖事。

（一）堅振的主要意義

主教是堅振聖事的原本施行人，到達理智年齡的堅振領受者應宣示信仰，在寵愛中生活，有領此聖事的意願，使他的超性生命發育生長，更為成熟，更堅強，以便在教會團體並俗世職務上，肩負起做基督徒傳教救人的使命，為耶穌做見證。（註9）

（二）堅振的儀式

堅振的主要禮儀是主教以堅振聖油（經主教祝聖）傳抹在受過洗者的前額上，同時覆手並唸：「（某某），請藉這印記，領受天恩聖神。」堅振與洗禮分開舉行時，二者之間的關

註9：范普厚，天主教中國主教團教義委員會，《天主教信仰簡介》，臺北：天主教教務協進會出版社，1978年10月初版，頁89。

聯，是以重發洗禮誓願來表達。再者，於彌撒中付堅振，也是為強調與教友入門聖事的合一。（註10）

（三）堅振的效果及重要

堅振是使洗禮恩寵達到完美的聖事，效果是特別傾注聖神，增進強化聖洗的恩寵，這神聖的傾注在靈魂上，蓋上一個不可磨滅的神印，使人更深入於天主子女的精神，更堅定地參與耶穌的奧體，並使我們與教會聯繫得更密切，更負起教會的使命，幫助我們以言以行為基督的信仰做見證。（註11）

三、聖體（感恩）聖事—超性生命的食糧

聖體聖事由於內涵非常豐富，所以也有不同的名稱：「感恩祭」、「主的晚餐」、「擘餅」、「感恩祭」、「紀念」、「聖祭」、「神聖的禮儀」、「領聖體（共融）」、「神聖的彌撒」等。（註12）

聖體聖事超越其他一切聖事，在耶穌所立的聖事中享有崇高地位，聖體聖事一方面是超

性生命的食糧，一方面是祭獻天主的大禮。（註13）

（一）聖體（感恩）聖事的主要意義：

聖體聖事是教會生命的心臟與頂峰。因為在聖體中，基督把祂的教會和祂的所有肢體，聯合於祂十字架上的讚美感恩之祭，與感恩祭的祭獻，是同一個獨一無二的祭獻；一次而永久的呈獻於天父，並藉此祭獻把救恩傾注在祂的肢體教會身上。

感恩祭的祭獻特質，顯示在耶穌建立這聖事的話裡：「這是我的身體，為你們而捨棄的」；以及「這杯是用我的為你們流出的血而立的新約」。（路22：19～20）（註14）

聖體聖事是基督逾越的紀念，亦即藉著禮儀行為，把基督因生活、死亡、復活所完成的救贖工程重現出來。是耶穌自己奉獻感恩祭，祂是新約的永恆大司祭。透過司鐸奉獻感恩祭，卻是耶穌自己，真實親臨於餅酒形下，餅的整個實體，被轉變為耶穌身體；酒的整個實體，被轉變成祂寶血的實體，這轉變是在感恩經當中，藉著耶穌的話及聖神的行動有效地實現，

註10：范普厚，天主教中國主教團教義委員會，《天主教信仰簡介》，臺北：天主教教務協進會出版社，1978年10月初版，頁89。
註11：天主教臺灣地區主教團，《天主教教理簡編》，臺北：永望文化事業公司，2011年2月，頁82。
註12：天主教臺灣地區主教團，《天主教教理簡編》，臺北：永望文化事業公司，2011年2月，頁85。
註13：范普厚，天主教中國主教團教義委員會，《天主教信仰簡介》，臺北：天主教教務協進會出版社，1978年10月初版，頁91。
註14：天主教臺灣地區主教團，《天主教教理簡編》，臺北：永望文化事業公司，2011年2月，頁86。

做為此一祭獻的禮品。有效領受了聖秩的司祭（主教或司鐸），才能主持感恩祭禮，並祝聖餅酒成為主的體血。

（二）聖體（感恩）聖事的儀式

聖體聖事的主要儀式，就是彌撒中聖祭禮儀的成聖體聖血部分，神父重行耶穌在最後晚餐中的禮儀，先將麵餅變成耶穌的身體，然後將葡萄酒變成耶穌的血。彌撒中成聖體聖血經文如下：「（成聖體）祂甘願捨身鈑難時，拿起麵餅，感謝了，分開，交給祂的門徒說：你們大家拿去吃，這就是我的身體，將為你們而犧牲。（成聖血）晚餐後，祂同樣拿起杯來，又感謝了，交給祂的門徒說：你們大家拿去喝，這一杯就是我的血，新而永久的盟約之血，將為你們和眾人傾流，以赦免罪惡，你們要為紀念我而舉行這事。」通過祝聖，餅和酒變成基督的體和血。

聖道禮儀和感恩禮儀，共同組成「一個整體的敬禮行動」；事實上，在感恩祭裡，為我們擺設的筵席，即是天主聖言的筵席，也是主的身體的筵席。舉行感恩祭的主要標記是麥粉餅和葡萄酒。神父呼求聖神祝福這些標記，活生生光榮的耶穌自己，和祂的體與血，靈魂與天主性，亦即真正、實在和本質地親臨於祝聖過的餅酒形下。（註16）感恩祭禮是為讚美和感恩，奉獻感恩祭也是為賠補生者和亡者的罪過，並向天主祈求屬靈和超性的恩惠。願意領受基督聖體的人，應處於寵愛狀態之下。明知自己有大罪的人不應領聖體，除非先領和好聖事得到犯大罪或導致靈魂毀滅的重罪赦免。(註17)

(三)聖體(感恩)聖事的效果及重要

心靈妥當準備好而來領聖體的人，基督的體血會使他與主共融，赦免諸小罪，並可預防罪過。因為領聖體會加強我們與基督之愛的聯繫，保存並更新受洗和領堅振時所接受的恩寵生命，增進我們對近人的愛心；加強我們的愛德，赦免小罪，並護佑我們將來免陷重罪。故領此聖事亦強化我們與教會即基督奧體之間的合一。教會熱切叮嚀，信友要準備好，每次參與感恩祭都領聖體；否則，至少每年領聖體一次，這是做為天主教教友的義務。(註18)

註15：天主教臺灣地區主教團，《天主教教理簡編》，臺北：永望文化事業公司，2011年2月，頁87。
註16：范普厚，天主教中國主教團教義委員會，《天主教信仰簡介》，臺北：天主教教務協進會出版社，1978年10月初版，頁92。
註17：天主教臺灣地區主教團，《天主教教理簡編》，臺北：永望文化事業公司，2011年2月，頁88。
註18：天主教臺灣地區主教團，《天主教教理簡編》，臺北：永望文化事業公司，2011年2月，頁88。

結論

基督徒入門禮的完成在於領受三件聖事，這三件聖事奠定基督徒生命的基礎；信徒透過聖洗而重生，藉著堅振而堅強，並以感恩（聖體）聖事獲得滋養。

藉著基督徒入門聖事，人接受了耶穌的新生命。他們被召成聖，向世界傳福音，繼承耶穌將天國帶臨人間的使命。這三件聖事賦予人必要的聖寵，使人在邁向天鄉的旅途生活中，能依照聖神的指引而生活。所有聖事的安排，都是以感恩（聖體）聖事「為其終向」。（聖多瑪斯）（註19）

錢玲珠主任介紹天主教入門聖事的意義

錢玲珠主任說明問道期

註19：天主教臺灣地區主教團，《天主教教理簡編》，臺北：永望文化事業公司，2011年2月，頁79。

錢玲珠主任說明收錄禮

錢玲珠主任說明敲門禮

道教

當代道教宗派傳度科儀意涵初探——以太乙玄宗為論述焦點研討會紀實

當代道教宗派傳度科儀意涵初探——以太乙玄宗為論述焦點

李建德
國立彰化師範大學國文系博士生、道教太乙玄宗陞授冠巾法嗣

柯奕銓
銘傳大學法律學系碩士生、道教太乙玄宗皈宗傳度弟子

在世界各大宗教之中，「非教徒」若欲成為正式的「教徒」，必須參加一種跨越凡／聖的轉換儀式，此儀式或曰「皈依」、或稱「受洗」，在道教中，這種儀式則稱作「傳度」。然而，道教各宗派對於「傳度」儀式的界定，復有「復禮傳度」、「拜師傳度」與「傳度授籙」三類不同的性質。以師徒傳承制的宗派而言，在傳度儀式之後，受度弟子取得度師所授的法

名、道號，並佩帶該宗派之信物，在日常生活中更須遵守戒律、持誦經典，方成為正式的道教教徒與宗派成員。筆者長期參與道教太乙玄宗的各種道務，以內部參與者（insider）的身分，透過文獻分析、實地訪查兩種研究法，撰文研究太乙玄宗的傳度科儀。本文先對宋朝以降近世道教宗派的傳度科儀文獻做一簡略之概說，再對太乙玄宗傳度科儀之前置流程進行說明，進而分析《太乙玄宗拜師傳度玄科》各科介之意涵，使學界及教內同道能夠更加關注現今道教宗派的傳度科儀。

關鍵詞：道教、太乙玄宗、太乙救苦天尊、傳度科儀、《太乙玄宗拜師傳度玄科》

一、前言

在世界上的各大傳統宗教之中，「非教徒」若欲成為該宗教的正式「教徒」，大多必須通過一種跨越凡／聖的轉換儀式，這種儀式在佛教謂之「皈依」，在基督宗教稱為「受洗」，至於唯一發源自中國本土並做為文化根柢的道教，這種儀式則稱為「傳度」。曾輔佐六十三代天師張恩溥（1904～1969）真人開創「教會三級制」的趙家焯（1901～1982）大師，在一九七二年制訂〈道教教徒登記規則〉時，即於開宗明義的首條言明「道教以復禮傳度或奏職，為成為教徒必經之儀式。凡信奉道教，未經復禮傳度或奏職儀式者皆稱信徒。」（註1）由此可知，道教在「非教徒」與「教徒」之間，又增加了「信徒」一階，〈道教教徒登記規則〉第九條對於道教教徒之資格，則詳細界定為「一、正式經復禮傳度儀式者。二、已經在各教派參加復禮傳度，有證件足資證明者。三、在天師府領有法職，經天師府證明，確已經過奏職傳度者。四、有天師府升授加授之職牒，足資證明者。」（註2）透過這條規定，吾人可以清楚得知：必須經過各宗派的正式傳度或奏職儀式，方能取得道教教徒之身分。

不過，單就道教的傳度科儀而言，又可因為參與者所取得身分之差異，而區分為「復禮傳度」、「拜師傳度」與「傳度授籙」三大類。所謂「復禮傳度」，已見於趙家焯大師〈道教教徒登記規則〉所述，為道教各宗派皆可採行之儀式，如道教總廟三清宮會在每年度暑期的「道學研習營」初級班結束後，啟建此項科儀；各縣市道教會也會辦理此項科事，為所屬宮觀團體會員奏名，使其成為正式的三清弟子。（註3）「傳度授籙」為符籙道派專用的儀式，即〈道教教徒登記規則〉中所謂的「奏職傳度」，除了取得道教教徒身分之外，亦同時接受法職與各式法籙，取得道教神職人員之身分。（註4）至於「拜師傳度」，則係各「師徒傳承制」宗派所使用的儀式，透過傳度儀式的舉行，各宗派的度師「依科盟傳」（註5），將經典、戒律及其宗派的各種信物授予受度弟子，而在傳度儀式之後，受度弟子取得度師所授的法名、道號，並佩帶該宗派之信物，在日常生活中遵守戒律、持誦經典，成為正式的道教教徒與該宗派之弟子。

由於道教的入教儀式可細分為「復禮傳度」、「拜師傳度」與「傳度授籙」，因此，在既有成果方面，也有不同的側重面向。諸如陳蓮笙（鼎昌，1917～2008）老道長與張繼禹道長編訂《道教正一授籙傳度經教集》（註6）一書，張金濤道長近年亦主編《正一天師科書集》（註7），做為現今正一道授籙時，發給籙生的科書。謝聰輝教授曾詳盡論述六朝道教之傳度

註1：趙家焯：〈道教教徒登記規則〉，收入氏編：《道學重溫》（臺北縣新店市：中華大典編印會，1980年），頁184。

註2：《道學重溫》，頁185。

註3：如臺中縣道教會（現名臺中市道教聯合總會）近年皆由縣道教會理事長及常務理事陳文洲（大洲）道長在授予團體會員「道教傳度證書」的「授證科儀」中，擔任「三師」的「度師」與「戒師」，「經師」則由啟建科儀的高功道長擔任。

註4：當代「傳度授籙」為五等制，初授太上三五都功經籙，為正六、七品銜；升授正一盟威經籙，為正四、五品銜；加授上清五雷經籙，為正三品銜；加升上清三洞五雷經籙，為正二品銜，至於上清大洞經籙係當代天師真人所有，屬正一品銜，不予外授。詳參張興發：〈正一授籙常識〉，《中國道教》1996年1期，頁36～37。

註5：謝聰輝教授在《臺灣民間信仰儀式》一書中，對於「依科盟傳」一詞做了如此的解釋：「科」為科戒、明科、科儀，「盟」為告盟、盟誓，「傳」為傳授、傳度。詳參吳永猛、謝聰輝合著：《臺灣民間信仰儀式》（臺北：國立空中大學，2005年），頁61。筆者依照謝教授的解釋，認為「依科盟傳」即「道教的傳度儀式，必須依照各種科儀的規定，向道經師三寶、宗派祖師及其他仙真盟誓，請求仙真證盟」之意。

註6：中國道教協會編印：《道教正一授籙傳度經教集》（北京：中國道教協會，2003年，再版）。

註7：《正一天師科書集》共十五卷，包括請水、安監齋、社司、安龍奠土、申文發奏、啟師、揚旛、掛榜、安天香、安監門、安監壇、淨壇結界、迎鑾接駕、開光、三朝進表、先天奏斗、拜表、和允酌餞、濟煉度孤、圓滿送聖等科儀，以及《太上正一朝天三八謝罪法懺》、《天師寶懺》，就筆者書齋所藏張金濤主編：《正一天師科書集》（鷹潭：龍虎山天師府，道曆四七〇三（2006）年）所見，後兩種懺法已受到福州禪和派之影響，可能係由臺灣傳回正一道祖庭的版本。

科儀（註8），屬於宗派的傳度研究，林秋梅則以其師承做為研究課題，撰成學位論文《臺灣正一道派基隆廣遠壇傳度儀式研究》（註9），兼述龍虎山祖庭之傳度授籙科儀與臺灣北部「道法二門」系統中林厝派基隆廣遠壇的拜師傳度科儀，皆有助於吾人對道教向來極神秘的傳度科儀有所認識。

除了北部正一道「道法二門」的道法傳承之外，兼綜正一、靈寶、全真、禪和四種道派（註10）傳承的道聲子陳文洲（大洲）道長，在道緣成熟之際，始遵奉師命依科奏告三界，正式開宗立派、傳承太乙玄宗法門，弘揚太乙救苦天尊「尋聲赴感、三界救苦」的職司。在太乙玄宗這一個新興道教宗派的法門中，信徒在拜師時，必須舉行「拜師傳度」的科儀，方能由信徒轉而成為道教教徒、宗派弟子之身分，而這場傳度科儀，係以陳大洲道長編撰之《太乙玄宗拜師傳度玄科》做為科書。（註11）筆者長期觀察、參與太乙玄宗的各種道務活動，遂以內部參與者（insider）的身分，透過文獻分析、實地訪查兩種研究法，撰文探討太乙玄宗的傳度科儀。本文先對宋朝以降近世道教宗派的傳度科儀文獻做一簡略之概說，再對太乙玄宗傳度科儀之前置流程進行說明，進而分析《太乙玄宗拜師傳度玄科》各科介之意涵，使學界及教內同道能夠更加關注現今道教宗派的傳度科儀。

二、近世以降之道教宗派傳度科儀文獻

道教迥異於其他「有創始人」的宗教，並非成於一人、一時、一地，而是由中國傳統文化密不可分，並由各宗派整合為道教，道教內部的各個宗派，皆有不同的創始者、奉行之經典、遵守之戒律、傳衍之字輩、派發之法職。因此，昔日教內道眾認知的「道教三祖」之一、教主「祖天師」張道陵（張陵，34～156），實為「原始道教」（original Taoism）或「前道教」（pre-Taoism）之改革者，而非道教的創教者，（註12）進而逐漸形成一種「教中有教」的特色。（註13）

正因為道教「教中有教」的特色，各宗派可以有各自不同的傳承。早在六朝時期，天師

註8：謝聰輝教授在其博士論文第七章第二節〈上清經派的告盟傳度儀式〉、第三節〈上清經派的傳度明科〉，詳盡研究六朝上清道的傳度科儀。詳參氏撰：《修真與降真：六朝道教上清經派仙傳研究》（臺北：國立臺灣師範大學國文研究所博士論文，1999年）

註9：林秋梅：《臺灣正一道派基隆廣遠壇傳度儀式研究》（臺北縣新莊市：輔仁大學宗教學系碩士論文，2006年）

註10：本師陳大洲道長之啟蒙師為南臺灣禪和派高道覺新子史貽輝（1912～2003）大師，並先後得到臺中海線靈寶派廖忠廉（鼎坤，1934～1995）道長、上海正一派陳蓮笙道長、香港青松觀當家侯寶垣（1912～1999）道長、崆峒山全真龍門派葉理祿（1897～1999）道長、中國道教協會會長閔智亭（1924～2004）道長等諸山高道，傳授道學、道法，在中國大陸改革開放之初，陳大洲道長即奉師命返回龍虎山祖庭受籙，故兼綜正一、全真、靈寶、禪和四派。

註11：筆者所見之《太乙玄宗拜師傳度玄科》版本，為陳師大洲編撰：《太乙玄宗拜師傳度玄科》（臺中縣霧峰鄉：霧峰南聖宮，道曆四七零五（2008）年重刊本）

道即已出現「過度」儀式，參加此儀式之後的道徒，即成為具備在「大劫」之時，受到天尊救度資格的「種民」（註14），道教以「三洞」說進行第一次的整合後（註15），六朝南方道教宗派逐漸形成「始於正一而止於大洞」的七等科格，唐末五代王屋山陽臺觀道士劉若拙由於戰亂頻仍的因素，遂將道教入道、傳度的儀制傳授給「葆光子」孫夷中，孫氏因而編成《三洞修道儀》（註16），保存隋唐道教在傳度入道方面的品秩規定。

近世之後，除了傳統的龍虎山正一道、句曲山上清道、閤皂山靈寶道之外，宋朝南方地域更出現了神霄、東華、紫陽、淨明、清微、天心等諸多新興宗派，由於這些宗派在傳法時，大多迥異於正一道的血緣論，且宋朝以後的道教宗派弟子，多將己身與該道派歷代祖師之間，視為「擬宗族」、「擬血緣」之關係，故自稱「孫」、「嗣派孫」，將本師（度師）稱為「師父」，度師之師（籍師）稱「師祖」，因此，師輩接引信徒入道的傳度儀式，也就益加重要，而各宗派亦有不同的傳度儀制。以下，筆者就《道藏》所載文獻，將近世道教各宗派之傳度儀做一淺介。

（一）天心派：天心正法屬於正一道在宋朝之分支，北宋末年行持天心正法之道士元妙宗，在其所編的《太上助國救民總真秘要》卷九、卷十詳細臚列傳度儀式所需的章表（註17），同書卷六說明傳度之資格為「諸善民能驅邪輔正、實有濟物之功者，收錄奏名，傳度正法、

註12：有關教內道眾將「祖天師」張道陵視為道教創始人的說法，根據蕭師登福的考證，應來自六朝奉佛文人劉勰（約465～522？）的〈滅惑論〉，劉氏認為「道家立法，厥品有三。上標老子、次述神仙、下襲張陵。」（詳參〔清〕嚴可均輯：《全上古三代秦漢三國六朝文》（北京：中華書局，1958年），《全梁文》卷六十，頁3309右下）其後，北周釋道安承其說，在〈二教論〉提出「今之道士，始自張陵。」（《全上古三代秦漢三國六朝文》，《全後周文》卷二十三，頁4002左上）劉勰與釋道安認為道教始於張道陵，乃出於爭論道佛二教創教者的時代先後，並不完全理性客觀，也不符合歷史事實。蕭教授在〈論道教的創立年代——兼論道教不始於張道陵〉文中辨之甚詳，詳參氏著：《周秦兩漢早期道教》（臺北：文津出版社，1998年），頁5～30。

註13：龔鵬程教授認為道教各宗派在尊重其內部差異的情況下，對外雖整合為道教，卻內部仍是「教中有教」，因此，後世道教不自稱為某派，而仍自稱為某道（如正一道、淨明道）、某教（如太一教、玄教），詳參氏撰：《道教新論》（北京：北京大學出版社，2009年，《龔鵬程「三教論衡」系列》本），頁15。

註14：《上清黃書過度儀》：「當為臣及甲解釋三官考逮，撤除死籍，著名長生玉曆，得在種民輩中。」詳參〔明〕張宇初等編纂：《正統道藏》（文物出版社、上海書店、天津古籍出版社聯合影印上海涵芬樓藏北京白雲觀所藏明刊本，1988年。本文所引《道藏》皆採此一版本，不另注版本項）正一部階字號，第三十二冊，頁736中。

註15：以「三洞」整合六朝道教各宗派之舉，首見於六朝高道陸脩靜（406～477），陸氏於泰始七年（471）編成《三洞經書目錄》，以《上清經》系為洞真部，以《靈寶經》系為洞玄部，以《三皇經》系為洞神部，卿希泰教授等人進而認為陸氏此舉「旨在以經書來整合江南道教，以適應南北朝道教從民間開始走向上層的歷史需要。」詳參卿氏主編：《中國道教思想史》（北京：人民出版社，2009年，《國家社科基金成果文庫》本）第一卷，頁462。

註16：〔北宋〕孫夷中編：《三洞修道儀》，《正統道藏》正一部楹字號，第三十二冊，頁166上-169中。

註17：〔北宋〕元妙宗編：《太上助國救民總真秘要》卷九，《正統道藏》正一部對字號，第三十二冊，頁109下～111下、頁117中～119中。案：卷九所收〈版符券文式〉此篇，雜入「大明國」字樣，應為後代道徒所增。

補職受位」（註18），舉行傳度儀的次序則是「傳度弟子肘步投師，師升壇說戒，露刺飲丹，分鐶破券，以誓盟言。次與訣目符文，宣示真誥，跪受官職印劍之類，師啟白上真，落三尸於四體，釋萬罪於九玄，關報所屬行持，上合天心。」（註19）但並未詳細列出傳度科儀所啟請之聖班、戒文、盟誓內容。

（二）紫陽派：紫陽派又稱金丹派南宗，祖泝北宋高道張伯端（987～1082），實際創始人為南宋高道白玉蟾（葛長庚，1194～1229）。紫陽派本為修煉內丹的秘密直線傳承，而非正式道教宗派，無法自行傳度、派發法職。因此，白玉蟾遂前往其他宮觀受度，取得神職人員身分。根據〈雷府奏事議勳功章〉所載籙職，筆者推測白氏最遲約在寧宗嘉定八年（1215）受籙，取得法職之後，白氏在嘉定十一年（1218）下元日，為弟子彭耜、留元長等人正式上章傳度，成立紫陽派的教團靖治。（註20）紫陽派選擇於下元日舉行傳度科儀，與六朝天師道於三元日授籙的傳統相吻合，且其弟子亦多受正一法籙，代表白氏相當程度地認同正一道；又白玉蟾為其弟子所頒法職多為雷部品秩，也代表紫陽派接受了宋朝新興的神霄雷法。

（三）清微派：宣稱正一、上清、靈寶、樓觀等傳統宗派「會道」於唐末祖舒的清微派，實際傳法可考者，係南宋中晚葉的南畢道與黃舜申（1224～？）師徒。（註21）在宋元符籙道派科書總集《道法會元》中，前五十五卷皆為清微派的道法科書，而該書卷三十九〈清微傳度文檢品〉與卷四十〈清微傳度牒檢品〉（註22），則收錄了清微派舉行傳度科儀所使用的各式表章、疏牒、度牒及「家書」（註23），但並未載明清微派舉行傳度科的實際流程。

（四）東華派：東華派又稱天臺山靈寶東華派，係甯真（1101～1181）於宋室南渡之後產生的新興宗派，該派宣稱道法淵源於上清、靈寶二派（註24），在南渡之初，受到皇室的重視。然而，甯全真卻遭到嗣法弟子劉能真的陷害，身罹縲絏之厄，甯氏獲釋後，遂立誓「東

註18：《太上助國救民總真秘要》卷六，《正統道藏》正一部對字號，第三十二冊，頁86中。

註19：《太上助國救民總真秘要》卷六，《正統道藏》正一部對字號，第三十二冊，頁86中。

註20：有關白玉蟾取得神職人員的時間，及紫陽派傳度科儀章表的詳情，詳參李建德：《宋代南方道教思想之研究》（彰化：國立彰化師範大學國文學系碩士論文，2011年）第三章〈宋朝紫陽派之道教思想〉，頁55-57。

註21：有關清微派奉祖舒為祖師，及其真正的傳揚者南畢道、黃舜申，卿希泰教授認為「清微派雖以唐末祖舒為祖師，並製造一個從祖舒到南畢道的傳系，但真正揭明道法的，是從南宋理宗時的南畢道開始，而南的弟子黃舜申方集其大成，從此以後，清微大法始顯於世。」，詳參氏撰：《續中國道教思想史綱》（成都：四川人民出版社，1999年），頁61。

註22：《道法會元》，《正統道藏》正一部稚字號，第二十九冊，頁12下～23下。

註23：所謂的「家書」，係因宋朝以降的符籙道派弟子與歷代師真之間，構成「擬宗族」、「擬血緣」之關係，在進行傳度科儀前，須採書信方式呈奏歷代宗師，故稱為「家書」。相關論述，詳參李志鴻：〈道教法術「家書式」考〉，《中國道教》2009年5期，頁40～45。

註24：有關宋代東華派道法淵源之辨析，詳參《宋代南方道教思想之研究》第六章〈宋代靈寶派之道教思想〉，頁171～175。

華靈寶上道宗泒，真真相授，不許傳黃冠」，成為俗家弟子的傳承。在題為甯全真授、林靈真（1239～1302）編的《靈寶領教濟度金書》中，卷二二六〈科儀立成品·傳度醮儀〉係東華派舉行傳度科儀的流程（註25），傳度醮儀依序為「步虛、衛靈、發爐、稱職、請聖、初獻、宣詞、亞獻、終獻、受度弟子宣誓、師傳戒、師分券環、師徒飲丹盟誓、師授經籙科書及法器（法印、法劍、策杖、式、法尺、雷令、兵帖）、禮三寶、結意、向來文」，至於同書卷二二七〈弟子謝恩醮〉、〈審奏祖師官將醮儀〉（註26），則是受度弟子在傳度科儀之後進行的齋醮，可以看作東華派傳度科儀的後續場品。

（五）靈寶派：靈寶派為宋朝「符籙三山」之一，其經典、科書歷經陸脩靜（406～477）、張萬福、杜光庭（850～933）等「科教三師」的編整，成為近世道教科儀極精密、完整的宗派。在宋元靈寶派科書《靈寶无量度人上經大法》卷七二〈修齋受詞品〉（註27）中，載有〈傳度詞式〉、〈傳度啟奏科〉、〈傳度謝恩表式〉、〈祭將儀〉，該派的傳度流程，依序則為「師啟聖、授經法、噀丹水、付法器（環、券、帖、牒、符、印、杖）、弟子拜退」。

（六）淨明道：淨明道創始於南宋，以西山玉隆萬壽宮為祖庭，係自東晉許遜（239～374）崇拜及隋唐孝道信仰演變而成的宗派。南宋初年，淨明道的何真公（何守證）、周真公教團，即已舉行傳度儀式。入元之後，淨明道由「玉真子」劉玉（1257～1308）中興，成為淨明忠孝道，並數傳至「原陽子」趙宜真（?～1382）、劉淵然（1351～1432），後併入正一道之中。近年，淨明道的祖庭西山萬壽宮由張繼禹道長出任主持，重新恢復傳度，由南昌萬壽宮與西山萬壽宮共同刊印《淨明傳度經戒集》一冊，書中收有〈戒牒文〉、《淨明入道品》及《四規明鑑經》（註28），然並未載明傳度科儀的流程與應備物品。

（七）全真道：全真道係金代高道王嚞（王重陽，1113～1170）所創，繼承唐五代以降的鍾呂內丹道，本為主張「三教合修」的民間結社組織（註29），經過其弟子馬鈺（1123～1183，1170～1183掌教）、譚處端（1123～1185，1183～1185掌教）、劉處玄（1147～1203，1185～1203掌教）、丘處機（1148～1227，1203～1227掌教）、王處一（1142～

註25：〔南宋〕寧全真授、〔元〕林靈真編：《靈寶領教濟度金書》，《正統道藏》洞玄部威儀類愛字號，第八冊，頁119上～124下。

註26：《靈寶領教濟度金書》，《正統道藏》洞玄部威儀類愛字號，第七冊，頁125上～128中。

註27：《靈寶无量度人上經大法》，《正統道藏》洞真部方法類出字號，第三冊，頁1057中～1059下。

註28：不題編者：《淨明傳度經戒集》（南昌：南昌萬壽宮、西山萬壽宮，不題出版年）。案：《淨明入道品》即《太上靈寶淨明入道品》（《正統道藏》洞玄部方法類身字號，第十冊，頁523下～525上），《四規明鑑經》即《太上靈寶首入淨明四規明鑑經》（《正統道藏》太平部奉字號，第二十四冊，頁614中～616上）

註29：王嚞嘗言：「儒門釋戶道相通，三教由來一祖風。」詳參氏撰：《重陽全真集．孫公問三教》，《正統道藏》太平部枝字號，第二十五冊，頁693中。

1217）在齋醮儀制上的改革，遂逐漸回歸道教本身之系譜。在全真道的傳度科儀方面，元明之際，浙江全真道士「通玄子」陸道和編有《全真清規》，其中〈簪披次序〉（註30）一節，可視為當時的傳度科儀。由於全真道為出家道士，故其傳度科儀之流程依序為「辭俗親、換道門衣著、道眾誦經、祝聖、宣詞、參禮靈官、參禮本師、授道、參禮尊長、參禮齋堂、勸齋、送客」。當代全真道的傳度科儀，則稱為《太上玄門皈依科儀》（註31），但僅載明科儀所用之經咒、聖班、科白，並未詳述應備物品及疏表內容。

在近世各宗派之外，未明宗派歸屬的北宋高道賈善翔，亦編有《太上出家傳度儀》（註32），屬於當代出家道士舉行傳度科儀時的科書，流程依序為「師祝香啟聖、弟子禮度師、師說出家因緣、弟子拜謝四恩（帝王、先祖、父母、親知朋友）、請三師、三歸依、弟子請冠裳、度師宣詞、保舉師為弟子去俗服、著道衣（依序為履、裙、雲袖、道服、簪冠、執簡）、度師宣戒、舉智慧頌、度師教三寶諸戒、弟子禮經籍度三師、十二願、學仙頌、迴向、禮師」，可以看出受到靈寶派在儀制、傳承上的影響。

此外，現今的龍虎山正一祖庭及中華道教總會，亦各有復禮傳度、授籙傳度科儀，這一部分，由於林秋梅已在其學位論文中，以專節詳細載明（註33），故筆者不另贅述。

總的來說，自宋朝以降，道教各宗派透過傳度科儀的進行，傳授經典、戒律，並發給受度弟子不同的文檢、法器，的確呈現出道教「教中有教」的特色，也證明道教係一眾流匯歸、博大精深之宗教。

三、太乙玄宗傳度科儀之前置流程

太乙玄宗的當代傳人道聲子陳大洲道長，並非出身於祖傳的道士世家，然自修真學道以來，遍參海內外名山宮觀，先後得到史貽輝大師、廖忠廉道長、陳蓮笙道長、侯寶垣道長、葉理祿道長、閔智亭道長等不同道派的當代高道傳授道學道法與科儀實務，直到道緣俱足，始奉師命依科告盟三界、奏設宗壇（註34），正式開宗立派、收度門下弟子，太乙玄宗遂應運而生。就創立的年份而言，太乙玄宗固然係一新興的道教宗派，但在宗派創制、傳度弟子等方面，則如同近世道教宗派一般。以下，筆者就本師陳大洲道長所提供之相關資料，及自身

註30：〔元〕陸道和：《全真清規》，《正統道藏》正一部楹字號，第三十二冊，頁156中～156下。

註31：有關當代全真道的皈依傳度科儀，龍門派的任宗權道長已有論著，詳參氏撰：《道教科儀概覽》（北京：宗教文化出版社，2006年），頁247～250。

註32：〔北宋〕賈善翔：《太上出家傳度儀》，《正統道藏》正一部楹字號，第三十二冊，頁161中～165下。

註33：詳參林秋梅：《臺灣正一道派基隆廣遠壇傳度儀式研究》第三章第一節，頁55～60。

註34：太乙玄宗之宗壇原設置在臺中縣太平市南聖宮，後因廟址遷建至霧峰，故改稱霧峰南聖宮（臺中市霧峰區北豐路二〇之四號），並以宮址做為宗派祖庭所在地。

實際參與數次傳度科儀之經驗，闡述太乙玄宗傳度科儀前置作業之流程。

由於太乙玄宗的傳度科儀係「拜師傳度」的性質，且昔日紫陽派祖師張伯端曾有「三傳非人、三遭禍患」的事蹟，因此，太乙玄宗對於傳度科儀一事極為慎重，只有在度師考核受度弟子期滿，或受度弟子本身道緣成熟並蒙仙真指示之後，才會擇期舉行。從依科告盟三界、奏設宗壇迄今，僅舉行過七次，共收度八名皈宗弟子，依序為玄澤子、玄慈子、玄德子、玄和子、玄昱子、玄陽子、玄仁子及玄玉子，其資料詳見下表一〈太乙玄宗歷年傳度弟子資料表〉所載：

表一：太乙玄宗歷年傳度皈宗弟子資料表

姓名	乾坤	法名	傳度科儀日期
黃美文	坤道	玄澤子	丁丑年七月十八日
林立端	坤道	玄慈子	壬午年三月十五日
李建德	乾道	玄德子	丁亥年二月初七日
張和堯	乾道	玄和子	己丑年四月二十二日
金利	乾道	玄昱子	己丑年七月初六日
柯奕銓	乾道	玄陽子	己丑年十二月初四日
吳榮德	乾道	玄仁子	己丑年十二月初四日
古育菁	坤道	玄玉子	庚寅年十二月二十六日

拜師緣由	陞授冠巾日期	本宗法職	正一法名	正一法階	其他師承
道緣成熟	己丑年十二月初四日	扶桑內宮東華侍宸左靈妃	黃羅文	正一盟威經籙	正一道王大美道長
道緣成熟	己丑年十二月初四日	扶桑內宮東華侍宸右靈妃	林羅立	正一盟威經籙	無
本師考核三年後，詢問意願	己丑年十二月初四日	青玄資度宥赦樞紐御史君	李羅德	正一盟威經籙	無
道緣成熟，並蒙仙真指示	尚未陞授冠巾	無	無	無	無
其父請託本師收徒	尚未陞授冠巾	無	金羅利	三五都功經籙	無
玄德子引進，並經本師考核	尚未陞授冠巾	無	無	無	無
道緣成熟	尚未陞授冠巾	無	無	無	無
道緣成熟，並蒙仙真指示	尚未陞授冠巾	無	古羅菁	三五都功經籙	正一道王大美道長

資料來源：本師陳大洲道長及王大美道長提供、筆者實際參與、訪談

在舉行正式的傳度科儀之前，太乙玄宗的度師、受度弟子及科儀的主法高功皆有需完成的數項前置作業，依次分別為：

（一）擇日

由於道教宗派視傳度科儀為宗派中極為重要的大事，因此，在舉行傳度科儀之前，通常都會擇定良辰吉時。太乙玄宗在這方面也不例外，度師會依照受度弟子的「四柱八字」，參酌六朝道典《赤松子章曆》卷二所記載的〈要安吉凶〉與〈受籙吉辰〉（註35），擇定舉行傳度科儀的日期，如玄德子於丁亥年二月初七日拜師受度，換算成傳統的干支紀日為「戊午」，即〈受籙吉辰〉中所說的「義日」，也是「諸天喜樂、開度萬民，大吉」的「益後日」；玄和子於己丑年四月二十二日（辛酉）拜師，為「專日」、「諸天來降、生人受福」的「要安日」；玄陽子、玄仁子於同年十二月初四日（戊辰）拜師，雖為「龍虎日」，但因符合「專日」，故仍為傳度科儀之吉日；玄玉子於庚寅年十二月二十六日（甲申）拜師，雖未在〈受籙吉辰〉的「義、寶、專」三日之內，但當日為「諸天並集、欣悅」的「福生日」，故亦為傳度的佳期。

（二）預告發表

在擇定傳度科儀的日期之後，度師會通知受度弟子擇期前往太乙玄宗的祖庭所在地——霧峰南聖宮「預告發表」，燒香稟明祖師太乙救苦天尊、三界十方仙真及前傳口教列代宗師。如玄德子的預告發表日期為丙戌年九月初九日（壬辰），當天是道教「九皇齋」（註36）最後一日，同時也是太乙玄宗二祖重陽帝君的寶誕，在〈要安吉凶〉中，則是「諸天喜樂、開度萬民，大吉」的「益後日」，因此，度師命令受度弟子（玄德子）在當天前往南聖宮稟明預告拜師傳度的相關法節。

（三）取法名、道名

在道教宗派之中，「法名」也是一項極重要的環節，象徵宗派生生不息的傳承，如正一道在授籙時所用的「守道明仁德、全真復太和」之「三山滴血四十字」、全真龍門派亦有「道德通玄靜、真常守太清」之丘祖百字派詩。太乙玄宗在奏設宗壇之後，因當代傳人陳文洲道長之道號（法名）為「道聲子」，乃以自身為首字，擬定傳承之法名與派詩，後來陸續增補為五十字輩：

道玄承祖炁，靈通接玉宸。青華貫東極，妙嚴化真人。靜默運離坎，
動中育元神。朱陵司鑄煉，度命返生身。十方同赴感，三界仰慈仁。（註37）

在這首派詩之中，**蘊藏了太乙玄宗的宗派歸趨、祖師、道體論、神系特色、修煉工夫及**

註35：《赤松子章曆》卷二〈要安吉凶〉、〈受籙吉辰〉，《正統道藏》洞玄部表奏類豈字號，第十一冊，頁189中-190上、191下-192上。

註36：道教認為夏曆九月初一至初九日，為北斗九皇下臨人間之辰，故於此期間修齋設醮，信眾則通常持齋戒殺，稱為「九皇齋」。

註37：上引「派詩」由本師道聲子提供，謹致謝忱。

展望，首句「道玄承祖炁」代表本宗係秉承元始祖炁（道）而來，次句「靈通接玉宸」則意指本宗的道法接續自玉宸大道君，代表本宗尊奉三清道祖之意；次二句則點出宗派祖師太乙救苦天尊於青華長樂界、東極妙嚴宮的分真化炁（註38）；再二句為本宗的修煉工夫，在日用的動靜之間，皆做搬運坎離二炁、培養元神的工夫；「朱陵司鑄煉，度命返生身」二句則是本宗的神系，由於本宗在太乙救苦天尊之次，又有朱陵拔度天尊與好生度命天尊，職司水火煉度、九轉生神，故以二句點明宗派特色。末二句則點出本宗祖師太乙救苦天尊「應化十方、尋聲赴感」的宏願，故門下受度弟子須步趨在祖師的大願之下，努力做好弘道濟世的工作，方能達到「三界共仰慈仁」的境界。

太乙玄宗的受度弟子，皆由其本師依據派詩中之字輩順序，賜予「法名」（道號）與「道名」（內諱），如當代傳人陳文洲道長為「道」字輩，所授徒之「法名」與「道名」，即為「玄」字冠首，依此類推。

（四）度師延請保舉、監度師及主法高功

傳度科儀除了度師與受度弟子之外，依照道典所載，尚須延請保舉、監度二師。保舉師在科儀中職司說戒，監度師則職司考核功過，保舉、監度二師，皆由度師延請道德兼備之同

道出任。此外，度師亦須延請教中學有專精之同道，出任臨壇高功，主導科儀流程。

（五）度師撰寫〈神霄照帖〉

明初奉道宗室「臞仙」朱權（1378～1448）在其編纂的《天皇至道太清玉冊．天皇龍文章》中載明「初真受法，須擇當代明師、行淳學正者拜之，師亦當擇弟子，委有道器者授之。先召保官保盟，齋誠申狀，取保應分曉，方與依式奏申撥度，授以〈神霄照帖〉及版券等，次與設醮，謝師受將歸壇。」（註39）由於太乙玄宗當代傳人陳文洲道長曾蒙陳鼎昌老道長傳授道法，當時亦授有〈神霄照帖〉乙式，因此，太乙玄宗在舉行傳度科儀之前，也會由度師製作〈神霄照帖〉，並在科儀當日頒發給受度弟子，其內容如下：

神霄照帖

時值丁亥仲春佳日

神光普照、大地生輝　天人齊聚、共沾福澤

註38：〔南宋〕甯全真授、王契真編《上清靈寶大法》卷十〈三界所治門〉云：「太一救苦天尊，乃始青一炁、元始分形，九聖九真九仙之師，掌普度生炁之元，曰東極青宮長樂世界青玄上帝太乙元皇救苦天尊是也。次政十方，億劫應化，天尊非修證品位，真人蓋元始上帝之苗裔，玄炁神化之分形也，治青玄左府。」詳參《上清靈寶大法》，《正統道藏》正一部樓字號，第三十冊，頁730下。

註39：〔明〕朱權：《天皇至道太清玉冊》，《正統道藏》續道藏陪字號，第三十六冊，頁374下～375上。

唯太乙玄宗入世弟子李建德 係苑裡鎮人
歲次甲子年月日生居住臺灣省臺中縣大甲鎮
謹按
太乙玄宗之法式 舉行拜師儀式
拜度陳文洲法師為師、嗣系
太乙玄宗暨正一玄壇
行修法統道教醮儀
替天行道、祝願師承永昌
賜予太乙玄宗門下
法名：玄德子
道名：玄仁德
正教興行、拜師後即以師徒相稱、
符秘口訣、口口相傳、
尊師重道、振興教風、以謝師恩。
保舉師：王大美

傳度師：道聲子
監度師：黃羅炳
太乙玄宗：陳文洲 立帖
天運丁亥年二月初七日（註40）

〈神霄照帖〉載明受度弟子的姓名、生辰、鄉貫、嗣系宗壇、派發法名、三師名諱及傳度日期。由於玄德子在皈宗拜師之前，即已具備正一道之神職人員身分，因此，在嗣系宗壇的部分，才載明為「太乙玄宗暨正一玄壇」。帖中所載之法名、道名，則依據前項所述的規則，由度師取名。

（六）受度弟子撰寫〈拜師帖〉

在有師徒傳承制度的符籙道派中，拜師之前，弟子皆須撰寫〈拜師帖〉呈交其「先生」。太乙玄宗在這方面亦然，受度弟子在傳度科儀之前，必須撰寫〈拜師帖〉乙份，並在科儀當日公開宣讀，以示告盟三界仙真。這份〈拜師帖〉係以黃紙墨字書寫，並遵循章表「敬天留地」

註40：本〈神霄照帖〉內容由筆者提供，其外觀詳見附圖一。

之準則，其內容範例則如下所載：

太 乙 玄 宗 拜 師 帖

恭維

天運己丑年十二月初四日 天開黃道 日吉時良

端請恩師陞座

三界群仙證盟修奉 恭申意者 竊念

三清弟子柯奕銓 臺中縣大雅鄉人

天運丁卯年○月○○日○時建生 現庚○○歲 命屬

北斗天權宮玄冥文曲紐星君垣下主照

居住臺中縣大雅鄉

誠然端跪

道前 虔禮陳師大洲道長為人師 唯願學參

太上天師道法 暨

太乙玄宗經藏 宏揚

祖師太乙救苦天尊道脈 感恩
三界列聖頒賜良緣 得遇明師 並蒙陳師教誨 啟點迷津 教導真理
俾使弟子明心見性 皈投
太乙道脈之後 更盼修真有分 進道無魔
今日弟子柯奕銓誠拜人師 以帖為憑 一日為師 終身為父 更當恪遵
道門威儀 虛心學道 不違真規 伏望
雷聲應化天尊鑑功察過
尚望恩師垂憐 聆聽徒音 不棄愚蒙 此證
為上良因
順頌恩師桃李滿天下道炁常存
愚徒柯奕銓再拜上申
天運己丑年十二月初四日（註41）

在這份〈拜師帖〉中，詳細載明傳度科儀之日期、受度弟子的姓名、生辰、鄉貫、所屬

註41：本〈拜師帖〉之內容，由本師道聲子提供，謹致謝忱。

北斗某星君主照、皈宗事項及祈求道門第一護法神——雷聲應化天尊（豁落靈官王天君）鑑功察過，以示證盟。這份〈拜師帖〉在傳度科儀當日宣讀之後，即呈交度師留存。

（七）受度弟子邀請同道師友觀禮

在確定傳度科儀的日期之後，受度弟子必須透過親自撰寫邀請函或撥打電話等方式，邀請同道師友蒞臨觀禮。以太乙玄宗而言，通常係邀請同門師兄及太玄道觀正一玄壇體系的同道參與。

（八）受度弟子準備供品與法信

在道教內部，無論是傳授經籙或傳度科儀的場合，道典中皆有「至士齎金寶效心盟天而傳」等類似語句的記載，太乙玄宗奉行此一傳統，在傳度科儀之前，受度弟子必須準備相關的供品與法信，以示志心皈宗、求師傳度之意。

以太乙玄宗而言，必須準備的供品為香、花、燈、茶、果、茶、酒、麵線、壽桃、財帛，稱為「十供養」，係奉獻祖師太乙救苦天尊、前傳口教列代師真座前之用。另外，則須準備「法信」與一套全新的衣物、鞋子，在科儀當日呈獻給度師。以筆者為例，在丁亥年與己丑年的傳度科儀時，分別準備一串玉朝珠（玄德子）及一柄朝簡（玄陽子）做為法信。

此外，需特別一提的是，太乙玄宗的受度弟子，在參加傳度科儀時，所準備的供品皆為素食的齋供，此係淵源於《度人經》的「仙道貴生，無量度人」，故不尚血食，與一般「道法二門」系統取自漢儒《禮記》「剛鬣、柔毛」的慣例不同。

（九）主法高功撰寫〈拜師傳度文疏〉

舉行傳度科儀之前，臨壇的主法高功尚須撰寫〈拜師傳度文疏〉一函，在傳度科儀當日奏告，其內容範例如下所載：

拜 師 傳 度 文 疏

嗣漢天師門下 拜授上清五雷經籙九天普教弘化讚道仙妃臣王大美

誠惶誠恐 稽首頓首

上奏

東極妙嚴宮

太乙救苦天尊青玄上帝獅座下

今據
中華民國臺灣省臺中縣霧峰鄉四德村北豐路二十之四號
南聖宮焚修玄裔弟子陳文洲 法名大洲
敬為謹遵玄規 傳度收徒 今於
天運己丑年十二月初四日 會合道眾 恭秉丹悃 同誠焚香 上叩
鴻慈 伏以 鴻蒙始判 陰陽肇分 混沌初開 太初宰制 三界十方 咸沾造化 人居三才之中 性
受五行浪裏 迷人本性 因貪嗔癡愛 墮落輪迴 清靜門中煉三寶 可逃生死劫數 既秉真心而入世
敢請教法以弘道
竊念弟子生身下土 忝列玄門 每知洗滌之功 時多障礙之孽 戰兢惶悚 正深迷懷 今有信士
柯奕銓 善根夙種 志在皈玄 欲禮弟子為師
弟子學疏德淺 暢懷引領善緣 謹按仙經有方便第一之語
是以弟子不揣簡陋 冒昧傳授
謹按弟子係太乙玄宗第一代 應傳玄字 信士柯奕銓 改取法名玄陽子
就於
本宮大羅僊殿 開壇誦經 謹遵玄科 專疏上奏 為祈

東宮慈父慧光普照 恩澤頻彰闔會
雷聲應化稽功察過 牒移
三元考校府存案記名 倘柯奕銓皈依之後 背棄師門 道心退轉
仍希
祖師勘功過之大小 施果報以淺深
伏願
文疏上達恩命下頒仰憑道力為上良因上詣
太乙救苦天尊青玄上帝獅座下
東極妙嚴宮呈進
恭望
聖慈昭格文疏
太乙玄宗法嗣陳文洲
曁拜師傳度弟子柯奕銓
再拜上申
天運己丑年十二月初四日 具疏（註42）

註42：本〈拜師傳度文疏〉之內容，由本師道聲子提供，謹致謝忱。

這份〈拜師傳度文疏〉詳細載明臨壇高功之姓名與法職、呈告仙真及宮闕、度師姓名、傳度科儀日期、受度弟子姓名與所取法名，伏請太乙玄宗之祖師——東宮慈父太乙救苦天尊慧光普照、護法神雷聲應化天尊隨時鑑察受度弟子之功過，並移請職司「群仙升降」之三官大帝存案記名。傳度科儀當日，高功奏表完畢之後，隨即關請四值功曹使者賫捧文疏、上詣東極妙嚴宮呈進。

透過上述諸端環節的處理流程，吾人正可以看出做為道教新興宗派的太乙玄宗，在舉行傳度科儀之前，極其慎重的態度。

四、《太乙玄宗拜師傳度玄科》之流程與意涵

太乙玄宗在舉行傳度科儀時，所使用的科書為《太乙玄宗拜師傳度玄科》（以下簡稱為《傳度科》），筆者先將科書之內容整理歸納為表二，再依序闡釋各科介之意涵，以俾理解。

表二：《太乙玄宗拜師傳度玄科》科介流程表

次序	科介名稱	用意簡釋
一	三師升座	傳度、保舉、監度三師入壇
二	弟子進壇	受度弟子就位、同門師兄入壇
三	步虛繚繞	高功演法、化凡爲聖
四	啓師請聖	高功啓請師聖臨壇證盟
五	高功說文	讚揚道經師三寶
六	皈依獻禮	受度弟子呈拜師禮、宣拜師帖獻三師香茗、本師回贈法信
七	宣科說文	稱揚三寶妙力
八	讚揚三寶	讚頌道經師三寶
九	誦咒祝香	同持〈祝香咒〉、〈威靈咒〉
十	具職闡事	啓請聖班
十一	入意宣疏	宣〈拜師傳度文疏〉
十二	皈依三寶	保舉師傳三皈依
十三	舉智慧頌	高功舉〈智慧頌〉
十四	傳授戒規	保舉師傳〈初真十戒〉
十五	舉奉戒頌	高功舉〈奉戒頌〉

十六	誦誥化表	同持寶誥、高功焚疏、遣關送表
十七	加持新皈	度師加持受度弟子
十八	度師授帖	度師頒〈神霄照帖〉
十九	謝壇送聖	禮謝三寶、經籍度三師、臨壇三師
二十	同門歡慶	同門師兄致贈見面禮、飲福納祥

資料來源：筆者據《太乙玄宗拜師傳度玄科》歸納整理而成。

以下，筆者再依照太乙玄宗舉行拜師傳度科儀之流程順序，進行解釋。

（一）三師升座、弟子入壇

傳度師、保舉師、監度師等「三師」及主法高功，在穿著絳衣、法服之後，先在壇場的靜室中「存神」，俟弟子前往「請師」之後，三師再步入壇場，向太乙救苦天尊及諸天聖真、前傳口教列代宗師行三稽首禮，旋即升座（見附圖三）。新皈受度弟子則遵從司儀的唱名，在壇前鵠立。接著，太乙玄宗已拜入師門的弟子，也在向祖師行禮之後、依序入壇；其後，參加觀禮的正一玄壇同道及其他列席嘉賓，再依序就位。

（二）步虛繚繞、啟師請聖

在入壇儀之後，主法高功起〈步虛〉詞與〈吊掛〉韻。《傳度科》所用之步虛詞為五言八句的讚詞，其文如下：

舉步朝金闕，飛身謁玉京。天外琳瑯響，齊舉步虛聲。
天尊說經教，接引於浮生。勤修學無為，悟真道自成。大羅三寶天尊。（註43）

這首步虛詞可以分成三部分，第一部分為前四句，象徵超凡入聖，將肉眼所見的宮廟場域，轉化為道教最高層次的大羅天玉京山。第二部分為接續四句，取自《太上洞玄靈寶救苦拔罪妙經》，係飛天神王對太乙救苦天尊的讚頌之語，用在傳度科儀的場合，更有勉勵受度弟子勤於修行，他日得悟真詮，自能與道合真之意。第三部分係最後一句，則為三清道祖之聖號。

隨後，高功再起七言八句式的「吊掛」，其詞曰：

金鳳銜珠降九天，恩澤聖光遍塵寰。皈依三寶遂稱願，紫府書名垂玉篇。

註43：《太乙玄宗拜師傳度玄科》，頁1。

玄功道妙超今古，福及子孫數萬年。尊師重道勤修行，功行圓滿學神仙。（註44）

香供養道經師寶天尊。

這首吊掛說明受度弟子現在雖為凡軀，其本源卻是來自九天的謫仙，今日皈依道經師三寶，方能了卻夙願，一旦修行有成，不僅自身能夠名刊玉簡、字錄帝房，更能福留後世子孫，係對於《易・坤・文言傳》「積善之家必有餘慶」及早期道典《太平經》「承負」理論的繼承。因此，入道之後，受度弟子必須尊師重道、勤勉修行，功行圓滿之日方能待詔金闕、名書上清。是故，弟子今日欣慶受度，理應燒香供養道經師三寶天尊。

在步虛詞與吊掛韻之後，高功再燒香啟請師聖，其經詞的定式為「燒香行道，奉請三清三境三寶天尊，降臨壇所、證盟修因。」（註45）在三清道祖之後，依序奉請昊天金闕玉皇上帝、祖師太乙救苦天尊、三元三品三官大帝、泰玄上相老祖天師、玄宗啟教列幕師真降臨，由先天聖真到後天宗師，在高功的一一勸請之下，伏望降臨、證盟修奉傳度功德。

（三）高功說文、皈依獻禮

接著，高功說文稱頌道經師三寶，其文如下：

夫此三寶者，乃天地之樞紐、神仙之根柢、發行之初門、建心之元兆，運氣合靈、冥真入理，包羅有象、儆形無外。持之者，天地神明慶快、心智耳目開張，萬物敬畏、六腑和樂、眾真衛護、群生父母長世不遺、人神交泰。可以保神、可以守身、可以治國、可以得仙，是故修崇，稱揚寶號：道經師寶天尊。（註46）

自「天地之樞紐」至「可以得仙」，出自唐朝高道張萬福編錄之《三洞眾戒文》卷上的〈始起心入道三歸戒文〉，相傳係元始天尊向太上大道君宣說之詞。唯一不同處，在於《三洞眾戒文》係以「第一戒者：歸身太上無極大道，第二戒者：歸神三十六部尊經，第三戒者：歸命玄中大法師」（註47）的「天尊曰：三歸戒者」接續前文，而《傳度科》則逕稱為「夫此

註44：《太乙玄宗拜師傳度玄科》，頁1～2。
註45：《太乙玄宗拜師傳度玄科》，頁2。
註46：《太乙玄宗拜師傳度玄科》，頁4～5。
註47：〔唐〕張萬福編錄：《三洞眾戒文》，《正統道藏》洞真部戒律類雨字號，第三冊，頁397中。

三寶者」，然二者的指涉對象同為道經師三寶，文義並未改變。並在高功示意舉唱「道經師寶天尊」聖號之後，再度說文，引導科儀，其文曰：

伏聞：禮敬三寶、供養法師，令人世為君子、賢孝高才，榮貴巍巍、生為人尊、門族昌熾，實乃萬物之福田、三清之良徑。真香才拈，聖號稱揚：三清應化天尊。（註48）

自「禮敬三寶、供養法師」至「門族昌熾」的這段經文，出自東晉古《靈寶經》系的《太上洞真智慧上品大誡》中的〈智慧十善勸助上品大誡〉（註49）之首，相傳亦為元始天尊告太上大道君之語。太乙玄宗在舉行傳度科儀的科書中，點出上述兩段經文，其用意即在於告諭新皈傳度弟子，在皈宗之後，必須誠心皈向道、經、師三寶天尊。隨後，受度弟子即呈獻供養祖師仙真的供品、「拜師禮」及「法信」、宣讀〈拜師帖〉、度師接帖、依例瀏覽審查，並將香茗呈獻三師座前（見附圖二），而度師也回贈受度弟子信物。以丁亥年的傳度科儀為例，本師道聲子即回贈受度弟子題有「玄門聖教師授傳，德化興行承太乙」二句嵌名偈子的《北斗本命延生真經註解》。（註50）

（四）宣科說文、讚揚三寶

《傳度科》在度師回贈信物之後，高功再度宣科說文，稱揚道經師三寶之妙力：

道、經、師者，眾常通也，抑惡舉善，戒人天也。願以此道，教諸天人。此三皈者，謂身有善惡、神有恐怖、命有壽夭，蓋一切眾生之必有也。今以此三皈於道者，謂受行法戒，一則生死常善、不墮惡緣，二則神明強正、不畏邪魔，三則現世長壽、不遭橫夭。以今信士○○○皈依太乙玄宗，乞脫迷津，虔修齋供，稱揚無上至尊寶號，懇求懺悔，滅罪消愆，仰賴太乙救苦天尊存案記名、雷聲應化天尊勘功察過，倘新皈弟子○○○道心退轉、背棄師門，還須施果報之深淺。法眾皈依、稱揚聖號：太乙救苦天尊。（註51）

自「道經師者」至「教諸天人」的經詞，同樣出自《三洞眾戒文》卷上〈始起心入道三歸戒文〉，自「此三皈者」至「不遭橫夭」，則出自《太上老君戒經》的註解（註52），而後

註48：《太乙玄宗拜師傳度玄科》，頁5。
註49：《太上洞真智慧上品大誡》，《正統道藏》洞真部戒律類雨字號，第三冊，頁393中。
註50：陳師大洲編著：《北斗本命延生真經註解》（臺中縣大里市：太玄道觀，道曆四七〇〇〔2003〕年）
註51：《太乙玄宗拜師傳度玄科》，頁5～7。
註52：《太上老君戒經》，《正統道藏》洞神部戒律類力字號，第十八冊，頁207下。

稟明受度弟子皈宗事由，伏望太乙救苦天尊存案記名、豁落靈官鑑察功過，於是道眾齊舉祖師太乙救苦天尊之聖號。

接著，高功再起〈提綱〉與〈三寶香〉兩段唱韻。〈提綱〉為七言四句體，〈三寶香〉則旨在稱頌道經師寶，其詞曰：

> 金鼎香浮太素煙，空中隱隱見真仙，靈風登引浮雲篆，萬里祥光透碧天。
>
> 稽首皈依道，道德闡靈文，一黍傳真理，五篇抉靈根。願燒道寶香，生生常供養；稽首皈依經，經法著三乘，浩劫雲成字，太初炁結文。願燒經寶香，生生常供養；稽首皈依師，師恩永垂文，玄基開大教，至理剖群迷。願燒師寶香，生生常供養。（註53）

透過受度弟子香焚寶鼎、炁達三清，於是仙真降格、雲篆浮空，乃隨高功禮拜道經師三寶。〈三寶香〉中，化用《度人經》元始天尊於黍米珠中說經、傳授五篇真文的典故，是以受度弟子須燒香供養無上道寶；再稱頌三洞群經遍度三乘、元始祖炁自然結成雲篆真文，故受度弟子須燒香供養無上經寶；最後稱頌前傳口教列代師真廣渡沉迷的宏願，故受度弟子須燒香供養無上師寶。

（五）誦咒祝香、具職闡事

讚頌三寶既周，高功復舉〈提綱〉、〈祝香咒〉、〈威靈咒〉，其文曰：

道香德香無為香，妙洞真香靈寶香。三炷真香焚爐內，誠心拳拳達上蒼。道由心學，心假香傳。香爇玉爐，心存帝前。真靈下盼，仙佩臨軒。今臣關告，逕達九天。天地開張，九炁分靈，丹書赤文，元始上清。今日上告，萬仙定生，願我得仙，請投玉名。奏簡上宮，列簿青華，早得飛騰，天地同靈。九祖種親，枯骨更榮，魂升南宮，受化仙庭。請以玉鈕，表盟至情，請如所告，金龍驛傳。臣等皈命，與道合真。（註54）

這首〈威靈咒〉淵源於古《靈寶經》系之一的《太上洞玄靈寶赤書玉訣妙經》，係化用靈寶派投簡儀的咒文，（註55）由高功替受度弟子奏名，列簿青華上宮之中，其宗族已亡化之

註53：《太乙玄宗拜師傳度玄科》，頁7～8。
註54：《太乙玄宗拜師傳度玄科》，頁8～10。
註55：《太上洞玄靈寶赤書玉訣妙經》卷上，《正統道藏》洞玄部本文類乃字號，第六冊，頁186上。

九祖、宗親，亦得隨其皈宗入道之修行功德，早日煉去身中之鬼質，受化更生、魂升南宮。

接著，高功恭對三清道祖、太乙救苦天尊座前，具職上啟：

恭對道前，請稱職位：臣係泰玄上相大法天師門下〇〇〇今據中華民國某地〇〇宮玄裔弟子〇〇〇，敬為謹遵玄規、傳度收徒事，擇今〇年〇月〇日，會合道眾，敬秉丹悃、同誠焚香，上叩鴻慈。伏願慧光普照、恩澤頻頒，修真有分、進道無魔，三業六根之過咎，道前咸滅；九玄七祖之先靈，悉超道岸。誠惶誠恐、稽首頓首，爐焚真香、虔誠上啟：

三清三境三寶天尊、昊天金闕玉皇上帝、九華玉闕后土元君、東宮慈父救苦天尊、南昌教主朱陵天尊、黃華教主度命天尊、東華木父青童道君、西王金母無極元君、天地始祖五老上帝、十方化號救苦天尊、三元三品三官大帝、北極四聖靈應真君、三天扶教大法天師、南辰北斗河漢群真、虛空過往糾察善神、玄門啟教歷代祖師、名山洞府得道神仙，悉仗真香，普同供養。（註56）

在〈具職文〉中，高功向三清道祖呈報自身所奏受的法職，並稟明太乙玄宗舉行傳度科儀之事，祈求新皈受度弟子得以「修真有分、進道無魔」，昔日所造之罪愆，在受度弟子懺悔之後，仰賴道經師三寶之妙力，予以消除；其宗族中亡化先靈，則因其入道功德，得蒙太乙救苦天尊金光接引，脫化更生。因此，高功與受度弟子恭焚真香，供養三清道祖、皇天后土、太乙三救苦天尊、木公金母二聖、五方五老天尊、十方救苦天尊、三官大帝、北極四聖、正一天師、三垣列曜、雲遊尊神、歷代宗師、古今得道仙真等聖班。

（六）入意宣疏、皈依三寶

高功稱職闡事之後，旋即入意拜宣〈拜師傳度文疏〉，文疏宣讀完畢，再由保舉師向受度弟子傳授三皈依，皈依道、經、師三寶。三皈既畢，高功再舉〈智慧頌〉，其詞曰：

智慧生戒根，真道戒為主。三寶由是興，高仙所崇授。
泛此不死舟，倏欻濟大有。當此說戒時，諸天皆稽首。（註57）

這首〈智慧頌〉出自六朝道典《洞玄靈寶三洞奉道科戒營始》卷六〈度人儀〉（註58）之中，

註56：《太乙玄宗拜師傳度玄科》，頁10～12。
註57：《太乙玄宗拜師傳度玄科》，頁13。
註58：題金明七真撰：《洞玄靈寶三洞奉道科戒營始》，《正統道藏》太平部儀字號，第二十四冊，頁765中。

旨在提醒受度弟子，大道行持以戒為主，在入道之後，必須奉行諸品戒律，方能長泛不死之舟，而濟乎大有之堂。此處使用〈智慧頌〉的用意，即在於為下一科介「授十戒」做準備。

（七）三寶既皈、十戒當宣

在〈智慧頌〉之後，保舉師隨後向受度弟子傳授〈虛皇天尊初真十戒〉，其戒文如下：

第一戒者：不得不忠不孝、不仁不信，當盡節君親、推誠萬物。

第二戒者：不得陰賊潛謀、害物利己，當行陰德、廣濟群生。

第三戒者：不得殺害含生、以充滋味，當行慈惠、以及昆蟲。

第四戒者：不得淫邪敗真、穢慢靈炁，當守貞操，使无缺犯。

第五戒者：不得敗人成功、離人骨肉，當以道助物，令九族雍和。

第六戒者：不得讒毀賢良、露才揚己，當稱人之美善，不自伐其功能。

第七戒者：不得飲酒過差、食肉違禁，當調和氣性，專務清虛。

第八戒者：不得貪求無厭、積財不散，當行節儉、惠恤貧窮。

第九戒者：不得交遊非賢、居處雜穢，當慕勝己、棲集清虛。

第十戒者：不得輕忽言笑、舉動非真，當持重寡詞、以道德為務。（註59）

〈虛皇天尊初真十戒〉係唐朝上清經派所奉行的戒律，由於太乙玄宗的啟教師真之一「上清紫霞道人」、「覺新子」史貽輝大師，曾傳授本師道聲子《黃庭》、《大洞》等上清諸經，且本師亦奏授至「上清三洞五雷經籙」之法階，故在編撰《傳度科》時，即以上清經派的「初真十戒」做為受度弟子所須奉行之戒律。

在傳授初真十戒時，受度弟子必須一手撫心、一掌朝天宣誓，保舉師每傳一戒，即解說戒文之內容與用意，並詢問受度弟子「能持否？」弟子則須回答「弟子誓願奉行。」

初真十戒傳授既畢，高功再舉〈奉戒頌〉，其詞如下：

道為無心宗，一切作福田。立功無定準，本願各由人。虛己應眾生，注心莫不均。大聖崇正教，亦由雨降天。高陵靡不周，常卑故成淵。海為百川王，是能舍龍鱗。萬劫保智用，豈但在厥年。奉戒不暫虧，世世善結緣。精思念大乘，會當休道真。（註60）

註59：〈虛皇天尊初真十戒文〉，《正統道藏》洞真部戒律類雨字號，第三冊，頁403中～405下。

註60：《太乙玄宗拜師傳度玄科》，頁13～14。

〈奉戒頌〉與〈智慧頌〉相同，皆出自六朝道典《洞玄靈寶三洞奉道科戒營始》卷六〈度人儀〉（註61）之中，旨在倡明大道無偏私之心，受度弟子宜在自身能力所及的一切方便處行善積功，若能時時奉行戒律，必得永結道緣。

（八）信受奉行、遣關化表

受度弟子既然宣誓能遵守十戒，高功便起〈符使贊〉「使者顯神通，跨馬空中，黃金鎧甲掩當胸。一封悃奏妙嚴宮，俯降壇中。皈命飛雲捧奏大威聰。」（註62）關請四值功曹使者捧送〈拜師傳度文疏〉、上詣東極妙嚴宮，道眾則在高功遣關化表的同時，持唸〈三清誥〉、〈太乙誥〉、〈天師誥〉、〈宗師誥〉等寶誥。

（九）加持新皈、派發照帖

表文焚化之後，度師即以道法加持受度弟子，以玄澤、玄慈、玄德三子而言，因為在傳度科儀之前，皆已奏職授籙、具備正一道神職人員之身分，故在度師加持「天目」的同時，高功與道眾舉唱、轉誦宋朝道經《文昌大洞仙經》卷三首章「道言：昔在龍漢劫初……上朝玉清」（註63）一段經文；玄和、玄昱、玄陽、玄仁四子，在傳度前皆未具備神職人員身分，故由道眾同聲舉唱〈天師贊〉「太上天師，道法彌深，三清應化天尊」，點開天目。至於玄玉子在傳度時，因身懷六甲之故，度師遂同時傳授《太上說六甲直符保胎護命妙經》（註64）中的道教生命哲學，可以看出太乙玄宗隨方設教之處。隨後，度師再將〈神霄照帖〉授予受度弟子。

（十）謝壇送聖、同門歡慶

在度師頒授〈神霄照帖〉之後，《傳度科》即將結束，於是高功舉〈七字偈〉「玄功圓滿道儀宣，回壇送聖返瑤天。旌旗幢幢歸碧落，鸞鶴對對舞雲間。但願慈光照默佑，興揚道場永綿綿。同秉虔誠三稽首，合壇道眾禮聖前。」（註65）並帶領受度弟子禮謝道經師三寶、天界經籍度三師、前傳口教列代宗師及臨壇三師，其文如下：

稽首皈依無上道，回謝大羅元始尊／太乙救苦尊；

稽首皈依無上經，回謝玉宸靈寶尊／降魔護道尊；

註64：《洞玄靈寶三洞奉道科戒營始》，《正統道藏》太平部儀字號，第二十四冊，頁765下。

註62：《太乙玄宗拜師傳度玄科》，頁19。

註63：《太上無極總真文昌大洞仙經》，《正統道藏》洞真部本文類荒字號，第一冊，頁506中~506下。

註64：《太上說六甲直符保胎護命妙經》，《正統道藏》洞真部本文類辰字號，第一冊，頁878下-881上。

註65：《太乙玄宗拜師傳度玄科》，頁20。

稽首皈依無上師，回謝混元道德尊／師真演教尊；

向來拜師，傳度功德，上奉高真，下保平安，賜福消災，同賴善功，證無上道，一切信禮。

志心稱念師真演教天尊，不可思議功德。（註66）

由於太乙玄宗屬於道教宗派，故尊奉流演聖教的道祖老君為天界之「經師」；受度弟子名隸太乙門下，故稱宗派祖師太乙救苦天尊為天界之「籍師」；至於天界之「度師」，則是正一道的「祖天師」降魔護道天尊。

隨後，司儀會一一介紹已入道的同門師兄，同門師兄則會依據實用的因素，贈送「見面禮」給新皈受度弟子。以己丑年的傳度科儀為例，玄昱子、玄仁子的家庭皆為道廟，玄澤子、玄慈子合贈鮮花，取其「順化」之意；玄德子則致贈自身撰寫之《正一豁落靈官寶經今注今譯》一冊，除了因為王靈官係道門第一護法，道門弟子理應認識之外，亦有期許新皈弟子充實自身修為、弘道護教的用意。而在庚寅年的傳度科儀中，筆者二人則合贈玄玉子道樂演奏的光碟，做為胎教、樂教之用。

致贈見面禮之後，受度弟子再向祖師、臨壇三師各行三稽首禮，並向同門師兄一禮、觀禮同道一禮，並鳴炮、化財帛，傳度科儀即告圓滿，受度弟子再與度師、三師及同門師兄合影（附圖四、五、六），舉行同道聯誼餐宴。

透過上述環節的解說，吾人可以看出，太乙玄宗雖然是一新興的道教宗派，但在傳度科儀所用的科書，則完全承衍自《道藏》所收的歷代道典，未有混淆宗教信念之舉，更可見編撰者對於道教經籍儀典的融會貫通之處，在當代社會中，實屬罕見。

五、結語

道教與世界其他宗教不同，係一「教中有教」之宗教，乃各宗派聚合而成，對於「教徒」身分的認同，則必須透過「傳度」儀式的舉行。然而，對於「傳度」儀式的界定，道教各大宗派向來有「復禮傳度」、「拜師傳度」與「傳度授籙」三類不同的性質。以師徒傳承制的宗派而言，在傳度之後，受度弟子取得度師所授的法名、道號，並佩帶該宗派之信物，在日常生活中，則必須遵守戒律、持誦該宗派奉行的諸品經典，方能成為正式的道教教徒與宗派成員。

筆者長期參與道教太乙玄宗的各種道務，並實際經歷太乙玄宗的數次傳度科儀（包含自

註66：《太乙玄宗拜師傳度玄科》，頁20～21。

身受度在內，玄德子參與五次、玄陽子參與兩次），透過對太乙玄宗傳度科儀前置流程的解析，及《太乙玄宗拜師傳度玄科》各科介的考證，筆者認為，太乙玄宗固然是一個新興的道教宗派，但在傳度科書的編撰、傳度科儀的前置準備等方面，皆完全接受歷代道典的記載，未有混淆宗教信念之處，在當代社會中，是一個極為特別的現象，因而以太乙玄宗傳度科儀為例，撰文略做初探式的論述。希望透過拙文的拋磚引玉，期使學界及教內同道能夠更關注現今道教宗派的傳度科儀。

引用書目

一、《道藏》文獻（依年代及三洞四輔分類排序）

（明）張宇初等編纂：《正統道藏》（文物出版社、上海書店、天津古籍出版社聯合影印上海涵芬樓藏北京白雲觀所藏明刊本，1988年）

（唐）張萬福編錄：《三洞眾戒文》，《正統道藏》洞真部戒律類雨字號，第三冊。

（北宋）孫夷中編：《三洞修道儀》，《正統道藏》正一部楹字號，第三十二冊。

（北宋）賈善翔：《太上出家傳度儀》，《正統道藏》正一部楹字號，第三十二冊。

（北宋）元妙宗編：《太上助國救民總真秘要》，《正統道藏》正一部對字號，第三十二冊。

〔金〕王嚞：《重陽全真集》，《正統道藏》太平部枝字號，第二十五冊。

〔南宋〕甯全真授、〔元〕林靈真編：《靈寶領教濟度金書》，《正統道藏》洞玄部威儀類愛字號，第七、八冊。

〔南宋〕甯全真授、王契真編《上清靈寶大法》，《正統道藏》正一部樓字號，第三十冊。

〔元〕陸道和：《全真清規》，《正統道藏》正一部楹字號，第三十二冊。

〔明〕朱權：《天皇至道太清玉冊》，《正統道藏》續道藏陪字號，第三十六冊。

《太上無極總真文昌大洞仙經》，《正統道藏》洞真部本文類荒字號，第一冊。

《太上說六甲直符保胎護命妙經》，《正統道藏》洞真部本文類辰字號，第一冊。

《太上洞真智慧上品大誡》，《正統道藏》洞真部戒律類雨字號，第三冊。

〈虛皇天尊初真十戒文〉，《正統道藏》洞真部戒律類雨字號，第三冊。

《靈寶无量度人上經大法》，《正統道藏》洞真部方法類出字號，第三冊。

《太上洞玄靈寶赤書玉訣妙經》，《正統道藏》洞玄部本文類乃字號，第六冊。

《太上靈寶淨明入道品》，《正統道藏》洞玄部方法類身字號，第十冊。

《赤松子章曆》，《正統道藏》洞玄部表奏類豈字號，第十一冊。

《太上老君戒經》，《正統道藏》洞神部戒律類力字號，第十八冊。

《太上靈寶首入淨明四規明鑑經》（《正統道藏》太平部奉字號，第二十四冊。

題金明七真撰：《洞玄靈寶三洞奉道科戒營始》，《正統道藏》太平部儀字號，第二十四冊。

《道法會元》，《正統道藏》正一部稚字號，第二十九冊。

《上清黃書過度儀》，《正統道藏》正一部階字號，第三十二冊。

二、現代編撰之道教科書（依出版年份排序）

中國道教協會編印：《道教正一授籙傳度經教集》（北京：中國道教協會，2003年，再版）

張金濤主編：《正一天師科書集》（鷹潭：龍虎山天師府，道曆四七〇三（2006）年）

道聲子編撰：《太乙玄宗拜師傳度玄科》（臺中縣霧峰鄉：霧峰南聖宮，道曆四七〇五〔2008〕年重刊本）

不題編者：《淨明傳度經戒集》（南昌：南昌萬壽宮、西山萬壽宮，不題出版年）

三、今人專書（依出版年份排序）

趙家焯編：《道學重溫》（臺北縣新店市：中華大典編印會，1980年）
蕭登福：《周秦兩漢早期道教》（臺北：文津出版社，1998年）
卿希泰：《續中國道教思想史綱》（成都：四川人民出版社，1999年）
道聲子編著：《北斗本命延生真經註解》（臺中縣大里市：太玄道觀，道曆四七〇〇（2003）年）
吳永猛、謝聰輝合著：《臺灣民間信仰儀式》（臺北：國立空中大學，2005年）
任宗權：《道教科儀概覽》（北京：宗教文化出版社，2006年）
龔鵬程：《道教新論》（北京：北京大學出版社，2009年，《龔鵬程「三教論衡」系列》本）
卿希泰主編：《中國道教思想史》（北京：人民出版社，2009年，《國家社科基金成果文庫》本）

四、期刊論文（依出版年份排序）

張興發：〈正一授籙常識〉，《中國道教》1996年1期，頁36～37。

李志鴻：〈道教法術「家書式」考〉，《中國道教》2009年5期，頁40∫45。

五、學位論文（依出版年份排序）

謝聰輝：《修真與降真：六朝道教上清經派仙傳研究》（臺北：國立臺灣師範大學國文研究所博士論文，1999年）

林秋梅：《臺灣正一道派基隆廣遠壇傳度儀式研究》（臺北縣新莊市：輔仁大學宗教學系碩士論文，2006年）

李建德：《宋代南方道教思想之研究》（彰化：國立彰化師範大學國文學系碩士論文，2011年）

附圖一：太乙玄宗〈神霄照帖〉外觀

附圖二：受度弟子獻香茗（圖為己丑年傳度科儀，筆者（玄陽子）敬獻本師香茗）

附圖三：三師升座（圖為丁亥年傳度科儀，本師道聲子、保舉師（王師大美）、監度師（黃師羅炳）陞座實景）

附圖四：受度弟子與度師合影（圖為己丑年傳度科儀，本師及筆者（玄陽子）、玄仁子二徒合影）

附圖五：受度弟子與臨壇師長合影（圖為己丑年傳度科儀之後所舉行的陞授冠巾科儀，筆者（玄德子）冠巾後，與本師道聲子、保舉師（王師大美）合影。案：監度師（黃師羅炳）已於科儀前羽化，無法臨壇）

附圖六：受度弟子與同門師兄合影（圖為庚寅年傳度科儀，前排中為本師道聲子、前著絳衣者為大里太玄道觀主持王師大美、左前為師母李秀華女士，站立者皆係太乙玄宗傳度弟子）

附圖七：天師登壇主持道士奏職、進階授籙大典

附圖八：劉羅林道長（左）接受張源先天師（右）親自頒授升職籙牒

附圖九：天師頒授之受度籙牒

附圖十：天師頒授之法印

附圖一：鍾雲鶯教授、蔡光思樞機

附圖二：王琛發教授、釋廣心法師

附圖三：鄭志明教授、錢玲珠主任

附圖四：李建德博士、洪錦淳教授

附圖五：劉羅林道長、林翠鳳教授

附圖六：不同宗派齊聚觀摩展演

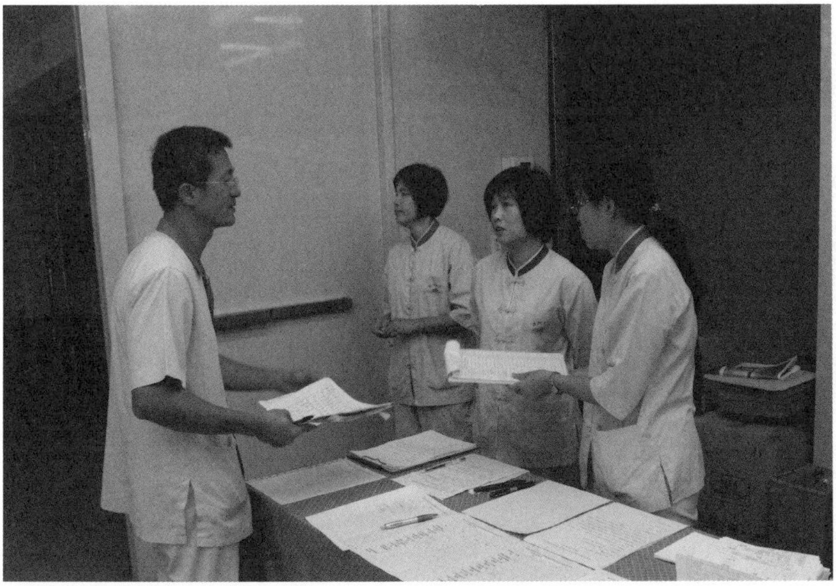

附圖七：玉線玄門真宗工作人員

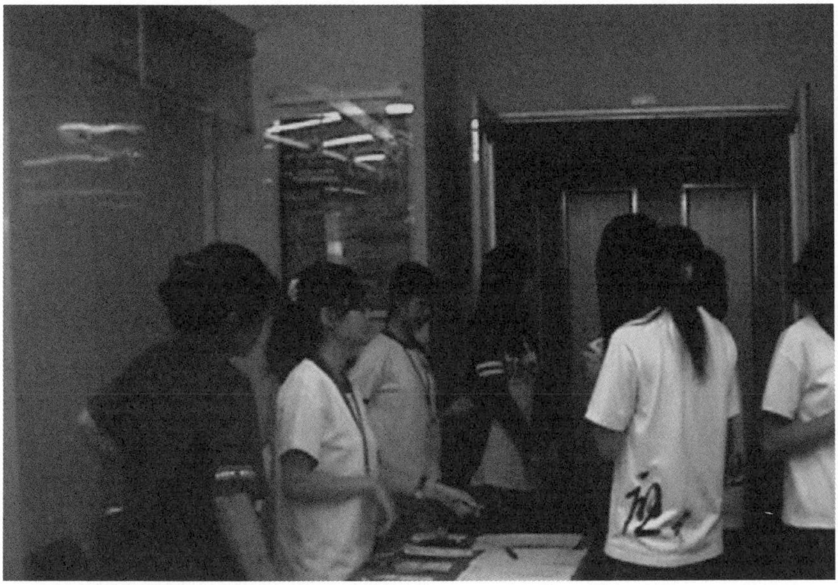

附圖八：臺中科技大學應用中文系服務師生

附圖九：研討會召集人臺中科技大學蕭登福教授於閉幕式中致詞

附圖十：玉線玄門真宗陳桂興教尊於閉幕式中致詞

附圖十一：各宗教皈依科儀學術展演場

附圖十二：展演場依各教所需布置

附圖十三:與會貴賓合照紀念。前排左起蔡光思、鄭志明、王琛發、葉明生、朱越利、陳桂興、蕭登福、李焯然、麥谷邦夫、釋廣心。後排左起李建德、柯添勝、蘇瑞隆、廖芮茵、錢玲珠、林翠鳳、吳惠珍、洪錦淳。(敬稱請略)

國家圖書館出版品預行編目資料

宗教皈依科儀彙編 / 林翠鳳主編.
－－第一版－－臺北市：宇河文化 出版；
紅螞蟻圖書發行，2013.10
面　公分－－(玄門真宗；6)
ISBN 978-957-659-949-1（平裝）

213.3　　102018367

玄門真宗 6

宗教皈依科儀彙編

主　　編／林翠鳳
發 行 人／賴秀珍
總 編 輯／何南輝
校　　對／楊安妮、蕭登福、林翠鳳
美術構成／Chris' office
出　　版／宇河文化出版有限公司
發　　行／紅螞蟻圖書有限公司
地　　址／台北市內湖區舊宗路二段121巷19號(紅螞蟻資訊大樓)
網　　站／www.e-redant.com
郵撥帳號／1604621-1　紅螞蟻圖書有限公司
電　　話／(02)2795-3656（代表號）
傳　　真／(02)2795-4100
登 記 證／局版北市業字第1446號
法律顧問／許晏賓律師
印 刷 廠／卡樂彩色製版印刷有限公司
出版日期／2013年 10 月　第一版第一刷

定價 320 元　港幣 107 元

ISBN 978-957-659-949-1　　Printed in Taiwan